AF622307

ओ. हेनरी की उत्कृष्ट कहानियाँ

अनुवाद एवं संकलन
सुरेन्द्र 'सुमन'

यूनीकॉर्न बुक्स

प्रकाशक
यूनीकॉर्न बुक्स

F-2/16, अंसारी रोड, दरियागंज, नई दिल्ली-110002
☎ 23275434, 23262683, 23250704 • Fax: 011-23257790
ई-मेल: info@unicornbooks.in • वेबसाइट: www.unicornbooks.in

शाखा : मुम्बई
23-25, जाओबा वाड़ी, ठाकुरद्वार, मुम्बई-400002
☎ 022-22010941, 022-22053387
ई-मेल: rapidex@bom5.vsnl.net.in

© **कॉपीराइट : प्रकाशक**

ISBN: 978-81-7806-368-3

संस्करण : 2015

भारतीय कॉपीराइट एक्ट के अंतर्गत इस पुस्तक के तथा इसमें समाहित सारी सामग्री (रेखा व छायाचित्रों सहित) के सर्वाधिकार यूनीकॉर्न बुक्स के पास सुरक्षित हैं। इसलिए कोई भी सज्जन इस पुस्तक का नाम, टाइटल डिजाइन, अंदर का मैटर व चित्र आदि आंशिक या पूर्णरूप से तोड़-मरोड़ कर एवं किसी भी भाषा में छापने व प्रकाशित करने का साहस न करें, अन्यथा कानूनी तौर पर वे हर्जे-खर्चे व हानि के जिम्मेदार होंगे।

मुद्रकः परम ऑफसेटर्स, ओखला, नई दिल्ली-110020

ओ. हेनरी की उत्कृष्ट कहानियाँ

विषय-सूची

प्रकाशकीय

ओ. हेनरी की कहानियों का अनुवाद करना किसी भी दक्ष अनुवादक के लिए भी एक डरावना सपना है। या मुहावरे की भाषा में कहें तो जान जोखिम का काम है। एक तो ओ. हेनरी. 20वीं शताब्दी की अंग्रेजी लिख रहा था। दूसरे वह अजीब मुहावरों का प्रयोग अक्सर अपनी कथाओं में करता था। उसके कई शब्दों के अर्थ प्रामाणिक शब्द-कोशों तक में नहीं मिलते। वह कवि भी था इसलिए कई स्थानों पर उसके बिंब उसकी उपमाएं उसका तर्जेबयां (कथन) आपकी समझ को धुंधला देता है। उसकी सारी 251 कहानियां इन दुराग्रहों से मुक्त नहीं हैं।

ओ. हेनरी की भाषा बड़ी अटपटी है। अनुवाद करते समय वह 'असंभव' की सीमाओं को छूती है।

उसकी कहानियों के अनुवाद के जो संकलन उपलब्ध हैं उनमें गिनी चुनी कहानियां ही मिलती हैं जैसे 'मागी का उपहार', आखिरी पत्ती, बासी डबल रोटी, ह्रदय परिर्वतन आदि-आदि। पर हमने इन कहानियों के अलावा कुछ और कहानियां भी ली हैं तथा उसकी लिखी अंतिम कहानी को भी इस संकलन में सम्मिलित किया है। जब वह इस कहानी को आधा ही लिख पाया था कि मृत्यु के क्रूर हाथों ने इस आधुनिक युग के 'शहरजाद' को हमसे छीन लिया।

ओ. हेनरी की कहानियों का कालखंड 20वीं सदी का कालखंड है। बीसवीं सदी की यूरोप की जीवन शैली आज से भिन्न थी इसलिए अनुवादक आज की भाषा के पैमाने से उसकी कहानियों का अनुवाद करने में ताल-मेल नहीं बिठा पाता।

मेरा ऐसा मानना है कि **श्री सुरेन्द्र सुमन** द्वारा किया गया अनुवाद ओ. हेनरी की कहानियों की कथावस्तु को न छेड़ता हुआ, काफी रोचक, अर्थ-पूर्ण और पठनीय बन पड़ा है।

ऐसा आप कहानियों को पढ़कर स्वयं अनुभव करेंगे।

अनुवादक अक्षरक्ष: उसकी कहानियों का अनुवाद नहीं कर सकते। जिन्होंने ऐसे प्रयत्न किए वे कहानी की मूल भावना को पाठक को समझाने में असफल सिद्ध हुए।

जो लेखक My के स्थान पर Me प्रयोग करे और What को Vat लिख रहा हो उसे समझना कठिन तो है ही।

ओ. हेनरी की कहानियों की मूल भावना को समझने के लिए **श्री सुरेन्द्र सुमन** को उसकी किसी-किसी कहानी को कई-कई बार पढ़ना पड़ा। इस कारण इस संकलन के निकलने में देरी पर देरी होती गई। इसके लिए हमारा प्रकाशन संस्थान पाठकों से क्षमा का अभिलाषी है।

अन्त में हम सुश्री यमुना शंकर का ह्रदय से आभार व्यक्त करते हैं जिन्होंने अपने ट्रस्ट “चिल्ड्रन बुक ट्रस्ट” के पुस्तकालय से हमें ओ. हेनरी का ‘समग्र’ उपलब्ध कराया।

डॉ. अशोक गुप्ता

—प्रकाशक

कहानियाँ

आखिरी पत्ती

(The Last Leaf)

वाशिंगटन स्केअर के पश्चिमी इलाके में गलियां संकरी कुंज गलियों की तरह हैं, वे एक दूसरे को दो या तीन स्थानों पर काटती हैं, इन्हें 'प्लेसेस' कहा जाता है। ये प्लेसेस अजीब कोणों का निर्माण करती हैं। एक चित्रकार ने इन गलियों में संभावनाएं देखीं। अगर कोई कला-सामग्री विक्रेता आर्टिस्टों से कैनवास और रंगों आदि की वसूली के लिए इन गलियों के चक्कर लगाता तो बिना एक भी सैन्ट वसूले खुद को वहीं पाता जहां से वह चला होता।

आर्टिस्टों ने इन गलियों की पुरानी टाइप की हवेलियों, उनकी खिड़कियों के पुराने डिजाइनों से आकर्षित हो कर इनके चक्कर लगाने शुरू किए। इनका किराया कम था। धीरे-धीरे आर्टिस्ट यहां आने लगे। एक के बाद एक उनका आने का क्रम शुरू हुआ तो निरन्तर चलता रहा। वे अपना सामान पेन्ट, ब्रश, मग और बर्तन ले आए और सिक्स एवेन्यू का यह खंड आर्टिस्टों की कोलोनी बन गया।

इन्हीं गलियों की एक पुरानी हवेली की तीसरी मंजिल के अवैध निर्माण में 'स्यू' और 'जान्सी' का चित्रकला स्टुडियो था। इनमें से एक

'माइने' से थी और दूसरी 'कैलीफोर्निया' से, वे दोनों डेलमोनिको की आठवीं गली में किसी समारोह या काफी की मेज पर मिली थीं। क्योंकि दोनों ही कला से प्यार करती थीं, दोनों ही चिकोरी सलाद (एक पौधे का सलाद) और ढीले ढाले कपड़े पहनने की शौकीन थीं, इसका परिणाम वह स्टुडियों था जिसका ऊपर की पंक्तियों में जिक्र है।

नवम्बर के महीने में कॉलोनी में एक ऐसे अजनबी ने कदम रखा जिसे चिकित्सक निमोनिया के नाम से पुकारते थे। वह अपनी बर्फीली उंगलियों से कभी इसे पकड़ता कभी उसे। कॉलोनी के पूर्वी हिस्से में इसने कहर मचा रखा था। यह काई लगी दिवारों से होता हुआ खिड़कियों के रास्ते घरों में घुस जाता।

मिस्टर निमोनिया ऐसे न थे जिन्हें आप सज्जन पुरूष कहें। ये सज्जन ऐसी किसी भी औरत को फंसा लेते जिसका खून 'कैलीफोर्निया' की हल्की हवाओं ने पतला कर दिया हो। लिहाजा 'जान्सी' इन सज्जन के जाल की चपेट में आ गई। और अब वह बिस्तर पर बीमार पड़ी थी। मुश्किल से उठ बैठ पा रही थी। बस बिस्तर के पास की खिड़की से सामने की इमारत की खाली जगह को देखती रहती थी।

एक दिन व्यस्त डॉक्टर ने जो इलाके के सरकारी अस्पताल का डॉक्टर था, ने 'स्यू' को हवेली के हॉल में बुलाया और थर्मामीटर का पारा नीचे उतारता उसे झटकते हुए बोला "स्यू' जान्सी के बचने के 10 में से एक अवसर है, और वह भी तब जब उसमें जीने की इच्छा शक्ति पैदा हो। 'जान्सी' जैसों के केस में दवाइयों की सूची बेकार सिद्ध होती है। क्योंकि 'जान्सी' तो ठीक होना ही नहीं चाहती। कहीं ऐसा तो नहीं कि उसके दिमाग में कोई परेशान करने वाली चीज पल रही हो।

"दरअसल वह 'नेपल्स की खाड़ी' का चित्र बनाना चाहती है।" 'स्यू' बोली।

"पेन्ट, बकवास, मेरा मतलब उसके दिमाग में कोई संवेदनात्मक बात, जैसे कोई पुरूष" डॉक्टर ने शंका प्रकट की।

“कोई पुरूष” स्यू नाक चिढ़ा कर बोली “ऐसी कोई बात नहीं डॉक्टर, पुरूष उसके लिए महत्वपूर्ण नहीं।”

“अच्छा”, तब तो यह कमजोरी ही है डॉक्टर ने कहा “अब मैं अपने सारे अनुभव और ज्ञान का उपयोग उसे ठीक करने में करूंगा। पर जब कोई मरीज अपनी शव यात्रा में आए संभावितों की गिनती करने लगे, तो औषधियां अपना 50% प्रभाव खो देती हैं। अगर तुम हर समय उसे शॉल ओढ़ाए रखो तो मैं उसके बचने के अवसरों को 10 में से 1 की बजाय 5 में से 1 कर दूंगा।

डॉक्टर से निपटने के बाद ‘स्यू’ स्टुडियो में गई और एक जापानी नेपकिन (कागज का रूमाल जो खाना खाते समय प्रयोग किया जाता है) को मसल दिया। फिर वह जान्सी के कमरे में ड्राइंग बोर्ड लेकर तेजी से सीटी बजाती घुस गई। जान्सी बिस्तर पर रजाई के नीचे बिना हिले डुले लेटी थी। उसका चेहरा खिड़की की तरफ था। ‘स्यू’ ने यह सोचकर कि वह सो रही है सीटी बजाना बन्द कर दिया और अपने कमरे में चली आई।

उसने अपना बोर्ड ठीक किया और एक पत्रिका के लिए पेन और स्याही से एक चित्र बनाने लगी। युवा चित्रकारों को कला क्षेत्र में जमने के लिए उन कहानी-लेखकों की कहानियों पर चित्र बनाने पड़ते थे जो खुद साहित्य के क्षेत्र में स्थापित होना चाहते थे।

‘स्यू’ एक शानदार घोड़े पर बैठे काउ-ब्याय का चित्र बना रही थी। अचानक उसे जान्सी के कमरे से धीरे-धीरे कराहने की आवाजें आईं। वह तुरन्त उसके कमरे में भागी।

जान्सी की आंखें खुली थीं। वह खिड़की से बाहर देख रही थी और उल्टी गिनती गिन रही थी।

“बारह” वह बोली, थोड़ी देर बाद उसने ग्यारह कहा फिर दस और नौ, फिर थोड़ी देर बाद आठ और सात एक साथ उसके मुंह से निकला।

‘स्यू’ ने उत्सुकता से खिड़की के बाहर झांका बाहर क्या था जिसकी गिनती ‘जान्सी’ कर रही थी।

बाहर खाली दीवार और आंगन था। एक सिरपेंच की बेल जिसकी जड़ें तक बाहर निकल आईं थीं, आधी दीवार तक चढ़ी हुई थी। सर्दियों की ठंडी हवाओं से उसके पत्ते झरते जा रहे थे, इससे पूरी लता पत्ता विहीन सी झाड़ झंकाड़ लग रही थी, जो खंडहर होती दीवार पर किसी तरह टिकी हुई थी।

जान्सी इसी लता के झरते पत्ते गिन रही थी।

स्यू ने जान्सी से पूछा "वहां क्या है प्यारी जान्सी?" जान्सी ने फुसफुसाती कमजोर आवाज में कहा "अब वे जल्दी-जल्दी झरते जा रहे हैं। पहले वे 100 के लगभग रहे होंगे, लगभग तीन दिन पहले। उन्हें तब गिनते-गिनते मेरे सिर में दर्द होने लगता था। पर अब आसान है। एक और झर गई, बस अब पांच ही रह गईं हैं।"

"पांच क्या, डार्लिंग, अपनी स्यूडी को बताओ।"

"पत्तियां, उस सरपेंच (IVY) की बेल पर जब आखिरी पत्ती भी गिर जाएगी तब मैं नहीं बचूंगी स्यूडी! तुम्हें छोड़कर चली जाऊंगी। मुझे तीन दिन से इसका पता है, क्या डॉक्टर ने तुम्हें नहीं बताया।"

"ओह ! ऐसी बकवास सुनने का शौक नहीं है मुझे।" स्यू ने शिकायती स्वर में कहा "इस पुरानी सरपेंच की बेल का तुम्हारे ठीक होने न होने से क्या लेना देना है। और तुम्हें तो वह बेल बहुत पसन्द थी, सो नटखट लड़की बेवकूफ मत बनो। डॉक्टर ने मुझसे कहा था कि तुम्हारे अच्छे होने के ज्यादा मौके हैं। तुम जल्दी अच्छी हो जाओगी। तुम्हारे ठीक होने का 10 में से 1 अवसर है। अब थोड़ी सी हिम्मत दिखाओ और स्यूडी को अपनी ड्राइंग पूरी कर लेने दो ताकि मैं इसे संपादक को दे आऊं और अपनी बीमार बच्ची (जान्सी को मजाक में) के लिए ब्रान्डी और उसके पेटू शरीर को कुछ मटन खरीद सकूं।"

"तुम और ब्रान्डी मत लाओ" जान्सी खिड़की पर नजर गड़ाए बोली "और मुझे मटन के शोरबे की भी जरूरत नहीं, अब बस चार ही रह गईं। आखिरी पत्ती गिरते ही मैं इस दुनिया से चली जाऊंगी।"

"प्रिय जान्सी" स्यू उस पर झुकती हुई बोली "अपनी आंखें बन्द कर लो और खिड़की से मत झांको, जब तक कि मैं काम खत्म न कर लूं। मुझे कल यह चित्र सम्पादक को देना है और मुझे प्राकृतिक प्रकाश भी चाहिए, नहीं तो मैं इसमें शेड नहीं डाल पाऊंगी।"

"तुम दूसरे कमरे में ड्राइंग पर काम नहीं कर सकतीं।" जान्सी ठंडे स्वर में बोली।

"मुझे तुम्हारे पास भी तो रहना है और दूसरे मैं नहीं चाहती कि तुम उस मनहूस सरपेंच की बेल की पत्तियां गिनती रहो।" स्यू बोली।

"ठीक है, जब तुम अपना काम खत्म कर लो तो मुझे बता देना" जान्सी ने कहा फिर किसी मूर्ति की तरह बिस्तर पर लेट गई।" मैं उस आखिरी पत्ती को गिरता देखना चाहती हूं। मैं इन्तजार और सोचने से थक गई हूं, मैं अपना आपा खोती जा रही हूं, और मेरा स्वास्थ्य नीचे ही नीचे गिरता जा रहा है। बिल्कुल उन कमजोर थकी पत्तियों की तरह।"

"सोने की कोशिश करो।" स्यू बोली "मुझे कहानी के बूढ़े साधु की मॉडलिंग के लिए बेहरमन को बुलाना है, बस मैं गई और आई। और जब तक मैं न आ जाऊं, हिलना डुलना मत।"

बेहरमन एक असफल चित्रकार था। 40 वर्षों से चित्रकारी करते वह कुछ भी हासिल नहीं कर पाया था। जब कोई उससे पूछता आजकल क्या पेन्ट कर रहे हो। तो उसका जबाब होता मास्टरपीस (अद्भुत रचना) पर वह मास्टरपीस उसने शुरू कभी नहीं किया। वर्षों तक उसने सिवाय विज्ञापन-पट्टों और इधर-उधर के छोटे मोटे लीपा पोती के कामों से ही अपना गुजारा किया। वह थोड़ा बहुत मॉडलिंग से भी कमा लेता था। उसके ग्राहकों में वे नवोदित चित्रकार ही होते थे जो व्यावसायिक मॉडलों की ऊंची फीस नहीं दे पाते थे। बेहरमन उन्हें सस्ता पड़ता था।

जब वह काफी सारी जिन पी लेता तब भी वह यही कहता कि वह अपना मास्टरपीस शुरू ही करने वाला है। वह स्वयं को तीसरी मंजिल पर रहने वाली 'स्यू' और जान्सी का रखवाला समझता था। और उन्हें कुछ भी अनर्गल कहने वालों से बुरी तरह पेश आता था।

स्यूडी बोहरमेन की मांद में नीचे पहुंची। एक अजीब सी गन्ध पूरे कमरे में व्याप्त थी। एक कोने में वह ईजल रखा था जिस पर पच्चीस साल से वह कैनवास जड़ा था जिस पर वह महान रचना चित्रित होनी थी, जिसकी पहली लकीर भी अभी तक खींची नहीं गई थी।

स्यू ने बेहरमन को जान्सी का वह पागलपन बतलाया जिसमें उसे भ्रम हो गया था कि वह सरपेंच की आखिरी पत्ती के गिरते ही यह दुनिया छोड़ कर चली जाएगी। अर्थात् मर जाएगी। जान्सी ने खुद को उस पत्ती की तरह समझ लिया है जो बेल पर है और कभी भी इन ठंडी हवाओं की ताब न लाकर टूट कर गिर सकती है।

बूढ़े बेहरमन अपनी लाल लाल आंखें निकालते चीखा।

"बकवास, क्या कहीं ऐसा होता है कि सूखी बेल की पत्तियों के गिरने से किसी की जिन्दगी और मौत का फैसला हो मैंने ऐसा कभी नहीं सुना। मैं तुम्हारी कहानी के बूढ़े साधू वाले कैरेक्टर का मॉडल नहीं बनूंगा।"

"तुम एक औरत ही हो आखिर" वह चीखा "किसने कहा कि मैं तुम्हारे लिए पोज नहीं करूंगा। मैं आधे घंटे से चिल्ला रहा हूं कि मैं मॉडल बनूंगा। उफ! मैं नहीं चाहता कि जान्सी जैसी अच्छी लड़की बीमार पड़े। किसी दिन मैं अपना मास्टर पीस अवश्य पूरा करूंगा।"

जब बेहरमन और स्यू ऊपर गए तो जोन्सी सो रही थी। स्यूड ने खिड़की के पर्दे गिरा दिए और बेहरमन को दूसरे कमरे में चलने का इशारा किया वहां से उन्होंने सरपेंच की बेल को डरते-डरते देखा। वे कुछ देर तक बिना बोले देखते रहे। एक जिद्दी, बर्फीली बरसात जोरों पर थी। बेहरमन अपनी पुरानी नीली कमीज में मॉडल बनकर बैठ गया। चट्टान के लिए उसने केटली उल्टी कर ली थी और उसी पर विराजमान था।

दूसरे दिन जब स्यू एक घंटे की नींद के बाद उठी उसने पाया कि जान्सी खुली आंखों से खिड़की के हरे पर्दे को देख रही थी।

"स्यू, पर्दा हटा दो मैं बाहर देखना चाहती हूं।" उसने फुसफुसाती आवाज में कहा। कहा क्या आदेश सा दिया।

"अरे,इतने भयानक तूफानी और बर्फीली हवा के बाद भी सरपेंच की बेल पर एक पत्ती थी, जिसने रात भर चली बर्फीली हवा को झेल लिया था। यह बेल पर की आखिरी पत्ती थी जो बच गई है। मुझे पूरा विश्वास था कि यह आज रात झर जाएगी । मैंने तेज बर्फीली हवाओं की आवाज सुनी थी। यह अब भी जमीन से 20 फुट ऊपर टहनी पर लगी है। हालांकि यह पीली पड़ती जा रही है।

"डार्लिंग" तकिए पर अपना मुंह टिकाए स्यू बोली "अगर तुम अपने बारे में नहीं सोचती तो कम से कम मेरे बारे में सोचो, तुम्हारे बिना मैं क्या कर पाऊंगी?"

जान्सी से कोई जवाब देते न बना।

सारे संसार में आत्मा अकेली वस्तु है जब यह अपनी अनन्त यात्रा पर अकेली जाने वाली होती है जब कल्पना मानव को अधिक कस कर पकड़ लेती है और उसके सांसारिक सम्बन्ध, दोस्ती, रिश्तेदारी आदि के बन्धन टूटने लगते हैं या ढीले पड़ने लगते हैं।

दिन बीत गया, शाम के धुंधलके में भी उन्हें सरपेंच की बेल पर लगी पत्ती अब भी टहनी पर लगी दिख रही थी।

जैसे ही रात आई, उत्तरी हवाएं फिर तेजी से चलने लगीं। बारिश फिर तेजी से बरस रही थी, उसके थपेड़े खिड़कियों और दरवाजों से टकरा कर जोर की आवाजें कर रहे थे।

दूसरे दिन सुबह जान्सी ने फिर आदेश दिया कि खिड़की खोल दी जाए। जब खिड़की खोली गई पर्दे सरकाए गए तो उसने देखा।

पत्ती अब भी वहीं थी, अटल, टहनी से जुड़ी हुई।

जान्सी काफी देर तक उसे लेटे लेटे देखती रही। फिर उसने स्यू को पुकारा जो रसोई में गैस स्टोव पर गोश्त भून रही थी।

"मैं एक बुरी लड़की हूं।" जान्सी स्यू से बोली "कोई चीज है जो मुझसे कह रही थी कि पत्ती का वहां लगे रहना यह दिखाता है कि मैं कितनी दुष्टा थी। मरने की इच्छा करना पाप है। तुम अब मेरे लिए शोरबा ले आओ। और ब्रांडी मिला के थोड़ा दूध भी ले आओ। पहले

मुझे एक शीशा (दर्पण) दो। तकियों पर मेरा सिर टिका दो ताकि मैं तुम्हें खाना बनाते देख सकूं।"

एक घंटे बाद वह बोली "किसी दिन मैं नेपल्स की खाड़ी की पेंटिग जरूर बनाऊंगी।"

दोपहर बाद डॉक्टर आया। जान्सी को देखा जब वह जाने लगा तो बहाना बना कर स्यू भी उसके पीछे-पीछे हॉल तक चली आई।

"अब बराबर के अवसर हैं" स्यू का पतला हाथ पकड़ते हुए डॉक्टर बोला "उसकी अच्छी सेवा से तुम जीत जाओगी। अब मुझे नीचे एक गंभीर केस देखने जाना है, उसका नाम बेहरमन है। वह बूढ़ा और कमजोर है और उस पर निमोनिया का घातक हमला हुआ है। मुझे उसके बचने की उम्मीद बिल्कुल नहीं है, फिर भी उसे बेहतर इलाज के लिए अस्पताल ले जाना पड़ेगा। जहां उसे ज्यादा आराम मिल सके।

दूसरे दिन जब डॉक्टर आया और उसने जान्सी का चैकअप किया तो स्यू से बोला "अब जान्सी खतरे से बाहर है, तुम जीत गईं। बस उसे पौष्टिक भोजन और थोड़ी देखभाल की जरूरत है।"

उसी दोपहर को स्यू एक नीला स्कार्फ बुनती जान्सी के बिस्तर तक आई और उसे आलिंगनबद्ध करती हुई बोली।

"सफेद चुहिया, तुम्हे एक बात बतानी है मि. बेहरमन की अस्पताल में निमोनिया से मौत हो गई है। वे बस दो दिन बीमार रहे। चौकीदार ने उन्हें अपने कमरे में दर्द से तड़पते पाया था। उनके जूते और कपड़े बर्फ से सने हुए थे। वह समझ नहीं पाया कि इतनी भयानक ठंडी रात में वे कहां गए होंगे। तभी उसने कमरे में एक लालटेन देखी जो अब भी जल रही थी। वहां एक सीढ़ी भी थी कुछ पेन्टिंग ब्रश इधर-उधर पड़े थे। एक प्लेट (रंगों को मिक्स करने वाली गोल तख्ती) भी वहां पड़ी थी जिस पर पीला और हरा रंग चिपका हुआ था।"

"अब जरा खिड़की से बाहर देखो वह पत्ती अब भी वहीं है टहनी पर दीवार पर। तुम्हें यह ख्याल नहीं आया कि तेज हवाओं में भी

पत्ती क्यों नहीं हिल रही थी। डार्लिंग, यह मि. बेहरमन का मास्टरपीस था उनकी महान् रचना।

वे जब दीवार से सीढ़ी लगाकर अपनी पेन्ट की हुई लोहे की पत्ती को कील से टहनी में ठोक रहे थे तब बर्फीला तूफान बेहद तेजी से चल रहा था।

उन्होंने खुद मौत को गले लगाया ताकि तुम जी सको।"

(ओ. हेनरी की यह कहानी उसके कथा- संग्रह 'दी ट्रिम्ड लैम्प' की 17वीं कहानी है, इस कहानी में ओ. हेनरी का स्टाइल साफ-साफ दिखता है। वही मानव संवेदनाओं का उत्कर्ष, वही चमत्कारिक अन्त, वही घटनाओं का सूक्ष्म वर्णन (जिसे आज के कथा-लेखक भूल ही गए हैं) जिसके लिए वह जाना जाता है। यह कहानी इस पंक्तियों के लेखक ने तब पढ़ी थी जब वह 10वीं कक्षा का छात्र था। तब से यह कहानी उसे अभी तक नहीं भूली है। जिस तरह इस कथा का एक पात्र अपना बलिदान देता है वह अद्‌भुत है।

यह कहानी विश्व-कथा साहित्य की धरोहर है। इसे इस संकलन में होना ही चाहिए।)

मागी का उपहार

(The Gift of Magi)

एक डॉलर और सत्तासी सेन्ट, बस इतनी रकम। इनमें से 60 सेन्ट तो सबसे छोटा सिक्का पैनी के रूम में थे। पैनी जिन्हें सब्जी वाले, परचून वाले और मांस-विक्रेता से लड़ झगड़कर बचाए गए थे।

डैला ने तीन बार इस रकम को गिना 1 डॉलर और 87 सेन्ट।

अगले दिन क्रिसमस था।

करने को कोई काम नहीं था, सिवाय इसके कि वह जर्जर सोफे पर बैठ कर जोर से चिल्लाए।

डैला ने ऐसा ही किया। जो यह बताता था कि जिन्दगी रूदन है, तिरस्कार युक्त है, खुशी भी है जिसमें रूदन सब पर भारी है।

गृहणी धीरे-धीरे पहली स्थिति से दूसरी स्थिति में पहुंची।

घर की स्थिति।

एक सुविधा युक्त कमरा जिसका किराया था 8 डॉलर प्रति सप्ताह। घर भिखारियों जैसा तो नहीं था, पर लगभग वैसा ही था। और इसे दान पर पलने वाला घर कहा जा सकता था।

इमारत के नीचे लैटर-बॉक्स था जिसमें कभी कोई पत्र नहीं आया। एक घंटी भी थी, जिसके बटन को कोई उंगली दबाने वाली नहीं थी। वहां कोई नहीं आता था। लैटर बॉक्स के कार्ड के खांचे में जो कार्ड फंसा था उस पर लिखा था मि. जेम्स डिलिंगम यंग।

किसी समय जब सम्पन्नता की बयार बह रही थी तब जेम्स डिलिंगम यंग को 30 डॉलर प्रति सप्ताह का वेतन मिलता था। पर अब जबकि वेतन 20 डॉलर प्रति सप्ताह पर आ गया था डिलिंगम का नाम मिटने सा लगा था। कार्ड पर 'डी' ही रह जाने का खतरा उत्पन्न हो गया था। लेकिन जब मि. डिलिंगम घर आते थे तो उन्हें 'जिम' पुकार कर श्रीमती जेम्स डिलिंगम यंग उन्हें बाहों में भर लेती थीं।

जिन्हें हम ऊपर डैला लिख आए हैं सब कुछ कितना मोहक था।

डैला ने अपना रोना धोना बन्द किया और अपने गालों पर पाउडर लगाने लगी। वह खिड़की में खड़े होकर बाहर झांकने लगी।

बाहर इमारत के आंगन की भूरी दीवार पर एक भूरी बिल्ली चहल कदमी कर रही थी। कल क्रिसमस है और उसे कोई उपहार देना है।

कैसे देगी वह उपहार? उसके पास तो केवल 1 डॉलर और 87 सैंट ही है। वह चार महीने से एक-एक पैनी बचा रही थी, फिर भी कुल पूंजी इतनी ही इकट्ठा हुई थी। जिम की तनख्वाह के 20 डॉलर तो घर चलाने में ही खर्च हो जाते थे। खर्चे बहुत ज्यादा बढ़ गए थे। उसने हिसाब लगाया कि इतने में जिम के लिए अपने प्यारे जिम के लिए कोई उपहार नहीं खरीदा जा सकता था।

वह साल भर से जिम के लिए कोई खूबसूरत उपहार देने का सपना देख रही थी। एक ऐसा उपहार जो सुन्दर हो और जो जिम की प्रतिष्ठा और गरिमा के अनुरूप हो।

जिसे पाकर जिम गर्व महसूस कर सके।

कमरे की खिड़की के बीच की खाली जगह में एक शीशा (दर्पण) लगा था। जिसे 8 डॉलर में खरीदा गया था। इस शीशे की पट्टियों में कोई भी अपनी छवि देख सकता था।

दुबली पतली डैला ने इन पट्टियों में अपनी छवि देखने में महारत हासिल कर ली थी।

अचानक वह घूमी और दर्पण के सामने जा खड़ी हुई। उसकी आंखें सुन्दरता से चमक रहीं थीं। पर उसके चेहरे का रंग उतरा हुआ था।

एक झटके से उसने जूड़े में बंधे बाल खोल डाले, और उन्हें नीचे गिर जाने दिया। वे लंबे और खूबसूरत थे। डैला के शरीर की जो सबसे सुन्दर वस्तु थी, वे ये बाल थे, जिन पर उसे, उसके जिम को गर्व था।

डैला की केशराशि पड़ौसी स्त्रियों की ईर्ष्या की वस्तु थी।

डिलिंगम दम्पति के पास दो ऐसी वस्तुएं थीं जिन पर यह दम्पत्ति गर्व कर सकता था। एक थी जिम की सोने की घड़ी जो पुश्तैनी थी। घड़ी उसके अतिरिक्त उसके पिता ने भी पहनी थी, उसके दादा ने तो उसे खरीदा ही था, और पहना भी था।

दूसरी भावनात्मक रूप से मूल्यवान वस्तु डैला की वह केशराशि थी जिनका उपरोक्त पंक्तियों में वर्णन है।

अगर डैला के घर की खिड़की के सामने शीबा की महारानी रह रही होती और डैला खिड़की में अपने बाल सुखा रही होती तो महारानी को अपने ज़ेवर और उपहार डैला के बालों के सामने फीके नज़र आते।

अगर सम्राट सोलोमन इमारत का गार्ड होता और उसकी सारी दौलत के ढेर बेसमेन्ट में रखे होते और जिम अपनी घड़ी पहने दरवाजे से गुजर रहा होता तो देखता कि कैसे सम्राट सोलोमन उसकी घड़ी देखकर जलन के मारे अपने बाल नोंच रहा है।

अब डैला के बाल नीचे गिर कर घुटनों तक पहुंच रहे थे। ऐसा लग रहा था बाल बाल नहीं कोई वस्त्र है जो डैला ने पहना हुआ है।

उसने बालों को समेट जूड़े में बांध लिया। वह एक क्षण के लिए लड़खड़ाई और फिर खड़ी हो गई। उसकी आंखों से आंसू टपक रहे थे जो नीचे जर्जर लाल कालीन पर टपक रहे थे।

झटपट उसने कत्थई रंग की जैकेट पहनी। अपना पुराना हैट सिर पर रक्खा और अपनी स्कर्ट नचाती इमारत के दरवाजे से बाहर गली में निकल गई।

अब उसकी आंखों में एक चमक थी।

जहां जाकर वह रूकी वहां एक बोर्ड टंगा था। "मैडम सोर्फोनी सैलून, बालों से सम्बिन्धित हर वस्तु यहां मिलती है।"

एक मंजिल के ऊपर के सैलून में वह जा चढ़ी। फिर उसने स्वयं को संयत किया। वहां जिस महिला को उसने पाया वह एक भारी शरीर की महिला थी। सोर्फोनी जैसी तो वह बिल्कुल नहीं लग रही थी।

"क्या तुम मेरे बाल खरीदोगी?

डैला ने मैडम सोर्फोनी से प्रश्न किया।

"मैं बाल ही खरीदती हूं।" मैडेम सर्फोनी बोलीं। "अपना हैट उतारो और मुझे अपने बाल दिखाओ।"

डैली ने हैट उतारा।

"बीस डॉलर" बालों को अपने अनुभवी हाथों में तौलते हुए मैडम सिर्फोनी बोलीं।

"ठीक है मुझे मंजूर है।"

अगले दो घंटे वह गुलाबी पंखों पर सवार अपने प्यारे जिम के लिए उपहार खरीदने कितनी ही दुकानों को खंगालती रही।

आखिर वह मिला। वह उपहार जो उसे क्रिसमस पर जिम को देना था, मिला।

यह किसी और के लिए नहीं जिम के लिए ही बना था। किसी और स्टोर में इस जैसा उपहार था ही नहीं।

यह प्लेटिनम की जेब घड़ी की ज़ंजीर थी। डिजाइन में सुरूचिपूर्ण और दोष रहित। अपनी सुन्दरता से ही चेन अपना मूल्य खुद बता रही थी। ऐसा बिल्कुल नहीं था कि भारी कारीगरी से उसका मूल्य-निर्धारण किया गया हो, जैसा कि अच्छी चीजों के साथ होता है। यह जिम की जेबी घड़ी के लिए एकदम फिट चेन थी।

जैसे ही उसने चेन देखी उसने फैसला कर लिया कि इस चेन को जिम के पास होना चाहिए। यह जिम की ही तरह प्यारी थी।

मूल्य और सुन्दरता दोनों में चेन अद्वितीय थी।

मूल्य था 21 डॉलर।

जिम की घड़ी के लिए यह बिल्कुल उपयुक्त चेन थी। जिम अपनी घड़ी के लिए कभी चेन नहीं खरीद पाया था। पर मन में वह यह सपना जरूर देखता था कि एक दिन वह चेन खरीदेगा अवश्य। उसे चेन उपहार में दे कर वह उसका सपना पूरा कर देगी।

उसने चेन का मूल्य चुकाया और बचे हुए 87 सैन्ट के साथ वह घर की तरफ तेजी से खुशी से सराबोर वापिस चल दी।

वह सोचती जा रही थी कि जिम्मी लोगों के सामने घड़ी में समय देखने में हिचक जाता था क्योंकि उस खूबसूरत घड़ी में चेन की जगह चमड़े की डोरी सी बंधी थी। जो निहायत ही बदसूरत थी।

जब डैला घर पहुंची और चेन खरीदने के नशे से उबरी तो मन में तर्क और दूरदर्शिता के भाव उभरने लगे।

मुझे इस रूप में बिना बालों को देख जिम क्या सोचेगा। उसने बालों को लटें देने वाला उपकरण उठाया और गैस पर उसे गर्म करने लगी। ताकि बालों के छल्ले बन सकें और उसके परकटी रूप में थोड़ी सुन्दरता आ सके।

प्रेम की उदारता में जो बाल उपहार के लिए उसने बेच डाले थे, उनकी थोड़ी सी तो भरपाई हो।

प्रिय पाठको! यह काम कठिन और बड़ा था पर उसने किया।

चालीस मिनट की मेहनत के बाद वह अपने बालों के छल्ले बनाने में सफल हुई, अब उसका सिर आश्चर्यजनक रूप से उस लड़के की तरह लग रहा था जो बिना छुट्टी लिए स्कूल से भाग आया हो।

डैला ने शीशे में काफी देर तक सावधानी से और आलोचनात्मक दृष्टि से अपनी शक्ल देखी। वह खुद से बोली "मुझ पर दूसरी नजर डालते ही जिम कहेगा कि एक 'कोनी आइजलैन्ड बैन्ड' के कोरस में खड़ी लड़की लग रही हूं, और कहीं यह देख जिम मुझे मार ही न डाले।"

"पर मैं एक डॉलर और 87 सैन्ट से कर ही क्या सकती थी, इतनी कम रकम से मैं प्यारे जिम के लिए क्या खरीदती?"

ठीक सात बजे, काफी तैयार करके और बोटियां बनाने के लिए उसने फ्राई-पेन को गैस-स्टोव पर रख दिया।

जिम कभी देर से घर नहीं आता था। डैला ने दुहरी करके चेन अपनी मुट्ठी में बन्द कर ली और मेज के कोने के पास जा बैठी, जो दरवाजे के पास रखी थी।

यहीं से जिम्मी रोज घर में प्रवेश करता था।

तभी उसे नीचे सीढ़ियों में जिम के चढ़ने की आवाज सुनाई दी। एक क्षण को तो वह सन्न रह गई। वह ईश्वर से प्रार्थना करने लगी। ओ गॉड! जिम मुझे अब भी उतनी ही लुभावनी समझे जितना वह समझता रहा है।

तभी दरवाजा खुला और जिम्मी ने कमरे में प्रवेश किया। वह बेहद गंभीर और पतला लग रहा था। बेचारा जिम अभी 22 साल का ही तो था। और उस पर एक गृहस्थी पालने का बोझ आ पड़ा था। उसे न सिर्फ सर्दियों से बचने के लिए एक ओवर कोट की आवश्यकता थी बल्कि उसे गर्म दस्ताने भी चाहिए थे।

जिम दरवाजे पर रूका और बिना हिले-डुले ऐसे खड़ा हो गया जैसे बटेर की गन्ध पाते ही कुत्ता शिकार के लिए सावधान मुद्रा में आ

जाता है। उसकी आंखें डैला पर गड़ी हुईं थी। और डैला उन आंखों का भाव पढ़ नहीं पा रही थी।

वह बेहद डर गई थी।

जिम की आंखों में न क्रोध था, न आश्चर्य था, न अस्वीकार्यता थी, न ऐसा कोई भाव था जो प्रकट होता, जिसे वह झेलने को तैयार बैठी थी।

वह सिर्फ उसकी तरफ विचित्र भाव से अपलक देखे जा रहा था।

डैला मेज से छटपटा कर उठी और उसकी तरफ दौड़ी।

"जिम डॉर्लिंग! मेरी तरफ ऐसे मत देखो" वह चीखी।

"मैंने अपने बाल कटवा दिए हैं और बेच दिए हैं, क्योंकि मैं क्रिसमस पर तुम्हें कोई उपहार दिए बिना नहीं रह सकती थी। मुझे ऐसा करना ही पड़ा। पर तुम फ्रिक मत करो, मेरे बाल बड़ी तेजी से बढ़ते हैं। मुझे 'मेरी क्रिसमस' बोलो जिम' आओ खुशियां मनाएं।

"तुम नहीं जानते मैंने तुम्हारे लिए कितना लुभावना कितना सुन्दर उपहार खरीदा है।

हां, मैंने कटवा दिए और बेच दिए" डैला बोली। "क्या तुम्हें मेरा यह रूप पसन्द नहीं आया। मैं बालों के बिना भी तुम्हारी डैला ही हूं, क्या नहीं।"

जिम ने उत्सुकता से पूरे कमरे में अपनी नजरें घुमाईं। "तुम कह रही हो कि तुम्हारे बाल गए ?" जिम बड़े भोलेपन से पूछ रहा था।

"तुम बालों की तरफ मत देखो।" डैला बोली "मैंने इन्हें बेच दिया है, और अब ये मेरे सिर पर नहीं हैं।"

"यह क्रिसमस की शाम है, डॉर्लिंग। मैंने बाल तुम्हारी खातिर ही बेचे हैं। तुम्हारे प्रति मेरे प्यार के मुकाबले नगण्य बालों की कीमत कुछ भी नहीं थी।" डैला ने एक प्यार भरी गंभीरता से कहा। "क्या, मैं बोटियां तैयार करूं जिम ?"

जिम जैसे बेहौशी से जागा, उसने डैला को अपनी बांहों में भर लिया।

जिम ने अपने कोट की जेब से एक पैकिट निकाला, और मेज पर रख दिया। "मेरे बारे में किसी भूल में मत रहना, डैला।" उसने कहा "मैं नहीं समझता कि बाल कटवाने या शैम्पू करने से मैं अपनी प्रिया को कम चाहने लगूंगा। तुम इस पैकेट को खोलो ताकि तुम समझ सको कि मैं घर में घुसते ही तुम्हें देखकर हतप्रभ क्यों हो गया था। हैरान क्यों रह गया था।

डैला की फुर्तीली उंगलियों ने मेज पर पड़े पैकेट का रैपर नोंच फेंका।

एक खुशी की चीख डैला के मुंह से निकली। और तभी उसकी आंखों से आंसू निकल पड़े। हिचकी बंध गई। जैसे फ्लैट के देवता ने सुविधाओं और एश्वर्य से फ्लैट को भर दिया हो।

मेज पर सुन्दर क्लिपों का पूरा सैट पड़ा था। वे लुभावनी कछुए के खोल से बनी एकदम शुद्ध, जिन्हें किनारों से स्वर्णिम बनवाया गया था।

क्लिप जिन्हें प्रयोग करने की लालसा कितने समय से डैला को थी। वह ब्रौडवे की दुकानों की खिड़कियों से उन्हें देखती, तो उसका मन उन पर न्यौछावर हो जाता, पर वह उन्हें खरीद नहीं सकती थी। आज वही क्लिपें उसके सामने पड़ी थीं, पर आज उन्हें अपने बालों में लगाने का चाव और प्रफुल्लित होने का भाव तिरोहित हो गया था।

फिर भी उसने क्लिपों को सीने से लगा लिया और अधखुली आंखों की चितवन से जिम की ओर देख कर मुस्कराती हुई बोली "मेरे बाल बड़ी जल्दी बढ़ते हैं जिम।"

जैसे वह जिम को आश्वस्त कर रही हो, जिम! तुम्हारा उपहार व्यर्थ नहीं गया।

और फिर वह उछल पड़ी और खुशी के आवेग में चिल्ला उठी वाह.....वाह....।

जिम ने अभी डैला का उपहार नहीं देखा था, फिर डैला ने मुट्ठी आगे कर खोल दी।

मूल्यवान मैटल की चमक जैसे एक प्रतिबिंब की तरह डैला की उत्साहित आत्मा पर कौंधी।

"क्या यह शानदार नहीं है जिम?" मैंने इसे पाने के लिए पूरा शहर छान मारा था। तुम अब सैकड़ों बार शान से अपनी घड़ी से समय देख सकोगे। अब तुम्हें हिचकिचाते हुए घड़ी से समय नहीं देखना पड़ेगा। अपनी घड़ी मुझे दो, मैं देखना चाहती हूं कि यह ज़ंजीर (चेन) घड़ी पर कैसी लगती है।"

एक क्षण के लिए समय ठहर गया, और छिपने और प्रकट होने के ऊहापोह में फंस गया।

डैला की घड़ी मांगने की बात मानने के बजाय जिम धम्म से सोफे पर बैठ गया, और अपने दोनों हाथों को सिर के पीछे टिका कर मुस्कराने लगा।

"डैला," वह बोला "हमें अपने क्रिसमस उपहारों को थोड़ी देर को भूल जाना चाहिए। वे उपहार के रूप में प्रयोग करने के लिए ज्यादा ही लुभावने हैं। अतुलनीय हैं। मैंने तुम्हारी क्लिपें खरीदने के लिए अपनी घड़ी बेच दी है।

और डॉर्लिंग अब तुम बोटियां गर्म कर लाओ।"

मागी, जैसा कि तुम जानती हो विद्वान पुरूष थे, विद्वान ज्ञानी पुरूष, जो नवजात यीशु को देने के लिए एक बक्से में उपहार लाए थे। उन्होंने क्रिसमस में उपहार देने की परम्परा कायम की। क्योंकि वे ज्ञानी थे इसलिए उनका उपहार भी उनकी गरिमा के अनुकूल था।

डैला और जिम्मी की तरह जो लोग उपहार देते या लेते हैं ज्ञानी हैं वे जहां भी हों बुद्धिमान हैं। वे सभी नवजात ईसा मसीह को उपहार देने आए पूर्व से आए तीन ज्ञानी पुरूष मागी की तरह हैं।

इस कहानी के शीर्षक को समझाने के लिए हमें बाइबिल के पन्ने खोलने पड़ेगें। जब ईसा मसीह का जन्म हुआ था तब नवजात यीशु को देखने प्राचीन फारस से तीन तांत्रिक आए थे। उन्हें मागी कहा

जाता था। वे ईसा मसीह के लिए उपहार लाए थे। क्रिश्चियन जगत में इन उपहारों को बहुत पवित्र माना जाता है। ये उपहार थे सोना और दिए में जलने के लिए सुगन्धित पदार्थ जो एक पौधे का रस होता है जिसे लोबान कहते हैं तथा मेहदीं।

(यह कहानी ओ. हेनरी के कथा संग्रह 'फोर मिलियन' की दूसरी कहानी है। इस कहानी में एक दम्पति है जो क्रिसमस पर एक दूसरे को उपहार देना चाहते हैं पर उनके पास पैसे नहीं हैं। पति को इसका पता ही नहीं है कि पत्नी ने उसे उपहार देने के लिए अपनी सबसे प्यारी चीज अपने सुन्दर बाल बेच दिए है। उधर पत्नी भी नहीं जानती कि उसे उपहार देने के लिए पति ने अपनी पुश्तैनी घड़ी बेच दी है।

विडंबना यह है कि पति पत्नी के लिए जो उपहार लाता है वह पत्नी के लिए निरर्थक है। और पत्नी जो उपहार लाती है वह पति के लिए किसी काम का नहीं।

इतना होते हुए भी उनके उपहार अमूल्य सिद्ध होते हैं।)

तिजोरीतोड़

(A Retrived Reformation)

जेल की जूता शॉप पर एक गार्ड पहुंचा जहां जिम्मी वेलेन्टाइन जूते का ऊपरी हिस्सा सिल रहा था। गार्ड उसे जेल के कार्यालय ले गया। जेल के वार्डन ने उसके सामने उसकी सजा-माफी के कागजात रख दिए, जिन पर उसी दिन सुबह गर्वनर ने हस्ताक्षर किए थे। जिम्मी ने कागजों को अपने हाथों में उठा लिया। उसके 4 वर्ष के कारावास के अभी 10 महीने ही तो बीते थे। उसके विचार से ज्यादा से ज्यादा वह तीन महीने और जेल में रहता।

जेल के बाहर भी जिम्मी के कई दोस्त थे, उनकी भागादौड़ी का ही परिणाम यह माफीनामा था।

"वेलेन्टाइन" वार्डन ने सलाह दी "तुम कल सुबह जेल से रिहा कर दिए जाओगे। ताकतवर बनो और अपने आप को मर्द साबित करो। तुम दिल के बुरे नहीं हो, यह तिजोरी तोड़ने का धन्धा छोड़ो और सीधा सच्चा जीवन व्यतीत करो।"

"मैं", जिम्मी हैरानी से बोला "मैंने कोई तिजोरी विजोरी नहीं तोड़ी।"

"ओह नहीं" वार्डन हंसा। "कभी नहीं, 'स्प्रिंगफील्ड' की तिजोरी के केस ने तुम्हें जेल तक कैसे पहुंचा दिया ? उस समय की जब तिजोरी टूटी, क्या तुम्हारे पास कोई एलबी* नहीं थी। या जूरी तुम्हारे शुरू से ही खिलाफ थी और उसने तुम्हें दोषी करार दे दिया। यह इस तरह से हो या उस तरह से, गाज तुम पर ही क्यों गिरती है, क्योंकि तुम निर्दोष भोले भाले हो।" वार्डन ने चुटकी ली।

"मैं", जिम्मी नितान्त भोला और ईमानदार बनता हुआ बोला "मैं कभी स्प्रिंगफील्ड नहीं गया।"

"क्रोनिन इसे वापिस इसकी कोठरी में ले जाओ।" वार्डन मुस्कराया "इसे जेल से रिहा होने वाले कपड़े पहना देना, कल सुबह ठीक सात बजे इसकी कोठरी का ताला खोलकर इसे मेरे बाहरी दफ्तर में ले आना। "फिर वार्डन वेलेन्टाइन से बोला" मेरी सलाह पर ध्यान देना वेलेन्टाइन।"

दूसरे दिन ठीक सात बजे जिम्मी ने खुद को वार्डन के बाहरी दफ्तर में पाया। उसने एक चुस्त सूट पहन रक्खा था जो रेडीमेड था। चरमराते जूते थे। जिन्हें सरकार कैदी को रिहा करते समय देती थी।

दफ्तर के क्लर्क ने उसे रेल का टिकट दिया, एक पांच डॉलर का नोट दिया। यह सब उन निश्चित मेहमानों के लिए आवश्यक है जो जेल की बड़ी इमारत से मेहमानी के बाद रिहा होकर बाहर निकलते हैं।

---

* एलबी; अपराध के समय घटना स्थल से दूर होने का प्रमाण।

यह सरकार का न पूरे होने वाला यह विचार है कि 5 डॉलर के साथ कैदी एक नया जीवन शुरू करेगा, और देश का सभ्य नागरिक बन जाएगा।

कितना गलत और बेमानी विचार है सरकार का।

वार्डन ने उसे एक सिगार दिया और हाथ मिलाया।

जिम्मी वेलेन्टाइन 9762 नम्बर के कैदी के आगे रजिस्टर में लिखा गया 'गवर्नर द्वारा क्षमा प्रदान'।

मिस्टर जेम्स उर्फ जिम्मी वेलेन्टाइन गुनगुनी धूप में जेल से बाहर निकला।

चिड़ियों की चहक, झूमते वृक्ष और फूलों की सुगन्ध की परवाह किए बिना वह सीधा एक रेस्त्रां में जाकर रूका। वहां उसने भुने हुए चिकन और वोदका के साथ आजादी का जश्न मनाया।

जश्न सिगार के साथ खत्म हुआ जो वार्डन के सिगार से कई दर्जा बेहतर था।

रेस्त्रां से निपट कर उसने सीधे रेलवे स्टेशन का रुख किया। वहां उसने पटरी पर बैठे अन्धे भिखारी के हैट में सिक्का डाला और एक ट्रेन में घुस गया। तीन घन्टे बाद वह अपने गंतव्य पर पहुंच गया।

यह राज्य की सीमा के पास का एक कस्बा था।

कुछ देर बाद ही वह 'माइक डोलान' के कैफे में उससे हाथ मिला रहा था, जो बार के पीछे अकेला ही खड़ा था।

"सॉरी जिम्मी! हम इससे पहले तुम्हें रिहा करवाने का इन्तजाम न कर सके।" माइक बोला।

"स्प्रिंगफील्ड का विरोध एक तो हमारे सामने था। दूसरे गवर्नर ने हमें बहुत तंग किया। कमबख्त मिलता ही न था। वैसे ठीक तो हो जिम्मी।"

"फाइन", जिम्मी बोला "लाओ, मेरे कमरे की चाबी मुझे दो।"

चाबी लेकर सीधा वह ऊपरी मंजिल पहुंचा और कमरे का दरवाजा खोला।

सब कुछ वैसा ही था, जैसा वह छोड़ कर गया था। फर्श पर अब भी पुलिस इन्सपेक्टर ब्रेन प्राइस के कॉलर का बटन पड़ा था, जो जिम्मी को गिरफ्तार करने की छीनाझपटी में उसकी वर्दी से टूटकर नीचे गिर गया था।

जिम्मी ने दीवार में जड़ा फोल्डिंग बैड नीचे खींचा। बैड के पीछे की दीवार में एक कोलकी का पल्ला सरकाया और उसमें से एक सूटकेस बरामद किया। सूटकेस की धूल पोंछी और उसे प्यार भरी निगाहों से देख खोला। अन्दर तिजोरी तोड़ने के अति-आधुनिक औजार थे। यह पूरा सेट था। जिसे तपाकर ढाली गई स्टील से बनाया गया था, जिससे जापान में समुराई तलवारें बनाईं जातीं थीं।

सूटकेस में अति आधुनिक ड्रिलें थीं। छैनियां, बर्में, लगामें, क्लैम्प और कुछ नए औजार थे जिन्हें जिम्मी ने खुद डिजाइन किया था। इन औजारों पर उसे गर्व था। पूरे 10,000 डॉलर खर्च किए थे उसने इन पर और उस लुहार से बनवाए थे, जो अपने काम का माहिर था, और तिजोरी तोड़ने के औजार ही बनाता था।

आधे घंटे बाद नए कपड़ों में सज धज जिम्मी नीचे कैफे में उतरा, उसके हाथ में वही सूटकेस था।

माइक डोलान ने टोका, "कोई नया काम?"

"मैं", जिम्मी शिकायत भरे स्वर में बोला "मैं समझा नहीं प्यारे डोलान, मैं तो अल्मा गामेटेड शार्ट स्नैप बिस्कुट क्रैकर और फैजल व्हील कम्पनी का एजेन्ट हूं।"

उसके इस वाक्य से माइक डोलान इतना हंसा कि उसे दूध के किसी पेय को गटकना पड़ा, तब कहीं जाकर उसकी हंसी रूकी।

डोलान कभी शराब को हाथ नहीं लगाता था।

जैम्स उर्फ जिम्मी वेलेन्टाइन कैदी नं. 9762 के जेल से छूटते ही रिचमंड में एक सेफ टूटी और कोई सबूत नहीं छोड़ा गया, 800 डॉलर लूट लिए गए। दो हफ्ते बाद एक पेटेन्ट, न टूटने वाली सेफ को तोड़कर 15000 डॉलर उड़ा लिए गए। सिल्वर और बान्डों को छुआ भी नहीं गया।

इन घटनाओं ने चोर पकड़ने वाले पुलिस अफसरों को चौंका दिया। तभी एक पुरानी तरह का बैंक फट पड़ा और अपने नोटों का लावा उगलने लगा। यह लावा 20,000 डॉलर का सिद्ध हुआ।

नुकसान इतना ज्यादा हो गया था कि पुलिस के कान खड़े हो गए।

अब मामले में तब के शरलॉक होम्स बेन प्राइस का दखल जरूरी हो गया। लूटों का अध्ययन करने पर पता चला कि सभी तिजोरियां एक ही तरीके से तोड़ी गई थीं।

सभी वारदातों पर जैसे एक ही तिजोरीतोड़ के हस्ताक्षर थे।

बेन प्राइस ने घोषणा की "हर वारदात पर उस बांके वेलेन्टाइन के दस्तखत हैं। उस काम्बिनेशन की मूंठ को देखों ऐसे उखड़ी पड़ी है जैसे मूली को सर्दी में जड़ों से उखाड़ लिया गया हो। उसी के पास ऐसे कलम्प हैं जो ऐसा कर सकते हों। और कमाल तो देखो, पट्ठे को एक ही छेद करना होता है और तिजोरी टूट जाती है। यह जिम्मी का ही काम है, मुझे उसी को ढूढ़ना भर है और सारे केस हल हो जाएंगे।

देखते हैं वह अगली बार क्या होशियारी या क्या मूर्खता करता है।"

जासूस बैन प्राइस जिम्मी की आदतों से बखूबी वाकिफ था, परिचित था। स्प्रिंगफील्ड केस को सुलझाते समय उसे इन आदतों का पता चला था। ऊंची छलांग लगाकर घटना स्थल से भाग निकलना जल्दी से जल्दी घटना स्थल को छोड़ देना। किसी दूसरे को अपने काम में शामिल न करना। संभ्रांत लोगों से मेल जोल सब जिम्मी की पहचान थी।

इन सब चीजों की वजह से वेलेन्टाइन कानून की पहुंच से दूर हो गया था। उसके खिलाफ कोई सबूत ही न मिलता था। घटना के समय की कोई न कोई एलीबी उसके पास जरूर ही होती थी। जिससे अव्वल तो वह पकड़ा नहीं जाता था और अगर पकड़ा जाता तो अदालत में बेदाग छूट जाता।

बेन प्राइस के हाथ में केस आते ही उसने छल से निकल भागने वाले तिजोरीतोड़ का पीछा करना शुरू कर दिया। इससे उन तिजोरी मालिकों को राहत मिली जिनका दावा था कि उनकी तिजोरी कोई तिजोरीतोड़ तोड़ नहीं सकता था।

जिम्मी वेलेन्टाइन भी नहीं।

दोपहर बाद जिम्मी वेलेन्टाइन भूतपूर्व कैदी 9762 अपने सूटकेस के साथ एक डाक वाहन में एलमोरा नामक कस्बे में उतरा।

यह कस्बा रेलवे स्टेशन से 5 मील दूर था और 'अराकानास' के इलाके में था। जिम्मी ऐसे लग रहा था जैसे कोई कसरती बदन का वरिष्ठ विद्यार्थी कॉलेज से घर लौट रहा हो।

वह होटल तक पहुंचने के लिए फुटपाथ पर हो लिया। तभी एक लड़की मोड़ से गुजरी और सड़क पर बनी इमारत के दरवाजे में घुस गई। दरवाजे पर 'ऐलमोरे बैंक' का साइन बोर्ड टंगा था।

जिम्मी का लड़की को देखना था कि वह हतप्रभ रह गया। वह भूल गया कि वह कौन था। वह अब दूसरा ही व्यक्ति बन चुका था। लड़की ने चितवन से उसे देखा। जिम्मी जैसे फैशनेबुल जवान एलेमोरा में कम ही दिखाई पड़ते थे।

जिम्मी ने एक लड़के को रोका जोकि सीढ़ियों पर मटरगश्ती कर रहा था। खुद जिम्मी एक स्टॉक होल्डर की तरह लग रहा था। लड़के से वह कस्बे के बारे में पूछने लगा। बीच-बीच में वह उसे पैसे भी देता जाता था।

तभी अचानक वही लड़की बैंक की इमारत से शाहाना अन्दाज में बाहर निकली। वह सूटकेस लिए जवान आदमी की तरफ बिना देखे अपने रास्ते चली गई।

"क्या वह जवान लड़की पॉली सिम्पसन हैं?" जिम्मी ने लड़के से चालाकी से सवाल किया।

"नहीं", लडका बोला "वह अन्नाबेल आडम है? उसके पिता इस बैंक के मालिक हैं और आप यहां ऐलोमोरा में क्या कर रहे हैं? क्या

करने आए हैं? क्या आपकी घड़ी की चेन सोने की है? मुझे एक पिल्ला खरीदना है, कुछ पैसे और नहीं दे सकते मुझे?"

लड़के की हथेली पर कुछ और सिक्के डाल जिम्मी 'प्लान्टर्स होटल' की तरफ बढ़ गया। अपने आप को राल्फ. डी. स्पेंसर बताते हुए। उसने एक कमरा किराए पर लिया।

वह काउन्टर पर झुका और क्लर्क को वहां अपने ठहरने का उद्देश्य बताया। "मैं यहां कोई जगह तलाशने आया हूं जहां मैं अपना व्यापार शुरू कर सकूं। यहां का जूतों का व्यवसाय कैसा है? मेरा इरादा जूतों का कारोबार करने का है। क्या इसकी कोई संभावना है यहां?"

होटल का क्लर्क उसके तौर तरीके और उसके शानदार वस्त्रों से प्रभावित हो गया था, वह खुद फैशनेबुल लोगों जैसा दिखना चाहता था। पर उसे अपनी सीमाएं भी पता थीं।

जिम्मी के रख रखाव से प्रभावित होटल क्लर्क जिम्मी को जूतों के व्यापार के बारे में जानकारी देने लगा।

"क्यों नहीं, यहां जूतों का अच्छा कारोबार शुरू किया जा सकता है। यहां जूतों की कोई बड़ी दुकान है भी नहीं। परचून वाले ही थोड़े बहुत जूतों के डिब्बे रख लेते हैं। ग्राहक वहीं से इन्हें खरीदते हैं। वैसे यहां हर तरह के कारोबार का अच्छा अवसर है। मैं उम्मीद करता हूं मिस्टर स्पेंसर यहां जूतों के स्टोर के लिए आप जगह ढूंढने में सफल होंगे। रहने के लिए भी यह अच्छी जगह है, यहां के लोग काफी मिलनसार हैं।"

मिस्टर स्पेंसर इस कस्बे में कुछ दिन ठहरकर स्थिति का जायजा लेंगे। क्लर्क को कुली को बुलाने की भी जरूरत नहीं क्योंकि मिस्टर स्पेंसर अपना भारी सूटकेस खुद ले जाना पसन्द करेंगे।

जिस तरह फोनिक्स पक्षी अपनी ही राख से उठ कर जीवित खड़ा हो जाता है, उसी तरह जिम्मी वेलेन्टाइन कैदी नं. 9762 की राख से मिस्टर स्पेशंर उठ खड़े हुए थे। उन पर प्यार का जबरदस्त आक्रमण हो गया था। वे एलमोरा कैसे छोड़ सकते थे, एलमोरा में

भविष्य था। कौन यहां उन्हें यहां एक सजायाफ्ता के रूप में जानता था। किसे पता था कि वह हाल में राज्य की जेल से रिहा हुआ था।

और ऐलमोरा में सबसे ज्यादा आकर्षण की वस्तु वह तन्वंगी थी जो बैंक के दरवाजे से एक सुगन्धित झोके की तरह उसके पास से निकल गई थी और उसकी रातों की नींद उड़ा ले गई थी।

मिस्टर स्पेंसर ने एलेमोरा में जूते का बहुत बड़ा शो रूम खोल लिया। शो रूम दिन दूनी रात चौगनी की दर से तरक्की करता गया।

सामाजिक रूप से भी मि. स्पेंसर काफी सफल थे। उनके कई दोस्त बन गए थे। और उनका एनेबेला आडम से मेल जोल शुरू हो चुका था। जितना वे उससे मिलते उतना ही वे उसके रूप जाल में उलझते जाते।

अन्ततोगत्वा एक साल के अन्त में मिस्टर राल्फ स्पेंसर की उपलब्धियां ये थीं।

उन्हें समाज में सम्मानजनक स्थान प्राप्त था। उनका शू-स्टोर कस्बे की सबसे सफल दूकान थी। उनकी मंगनी अपनी प्रिया ऐनेबेला आडम से हो चुकी थी। और अगले दो सप्ताह में उनकी शादी होने वाली थी।

मिस्टर आडम जो एक परिश्रमी बैंकर थे, उन्हें भी अपना दामाद काफी पसन्द था।

ऐनेबेला आदम को अपने भावी पति पर उतना ही गर्व था जितने अपने प्यार पर। वह आदम परिवार का और एनेबेला की विवाहित बहन के परिवार के सदस्य की तरह हो गया था।

एक दिन जिम्मी ने अपने कमरे में बैठकर एक पत्र लिखा और सुरक्षित पते पर अपने एक तिजोरीतोड़ मित्र को भेज दिया।

पत्र इस प्रकार था।

प्रिय मित्र

“मैं चाहता हूं कि तुम मुझे सल्लीवान में ‘सीटल रॉक’ कैफे में अगले बुधवार रात के नौ बजे मिलो। मैं यह भी चाहता हूं कि तुम

मेरे एक काम को निपटाने में मेरी सहायता करो। मैं मिलने के समय तुम्हें अपने औजारों की वह किट भी भेंट करूंगा जिसके लिए मैं मशहूर था। इससे तुम्हें बेहद खुशी होगी क्योंकि तुम हजारों डॉलर खर्च करके भी वैसी किट नहीं बनवा पाओगे। बिली, मैंने पुराना धन्धा छोड़ दिया है। अब मैं मेहनत से कमाकर अपना जीवन यापन करना चाहता हूं। मैं दुनिया की सबसे सुन्दर लड़की से अगले दो हफ्तों में शादी करने वाला हूं। मेरे लिए यह नया जीवन ही एक मात्र जीवन है, सीधा और सच्चा। दूसरे किसी आदमी के एक डॉलर को भी मैं हाथ नहीं लगाऊंगा चाहे मुझे लाखों का ही लालच क्यों न दिया जाए, या चाहे मैं भूखा ही क्यूं न मर जाऊं। शादी के बाद मैं यह स्टोर बेच दूंगा और पश्चिम की तरफ निकल जाऊंगा। वहां कम से कम यह खतरा तो नहीं रहेगा कि मुझे पुराने अपराधों का हिसाब देना पड़े, और एनेबेला के प्यार की बजाय मेरा सामना पुलिस, मुकदमे और सलाखों से हो।

मैं बताऊं बिली, एनेबेला एक देवी है, सलीवान जरूर पहुंचना क्योंकि मेरा तुमसे मिलना बेहद जरूरी है। मैं टूल किट अपने साथ लाऊंगा।

तुम्हारा पुराना मित्र

जिम्मी

सोमवार की रात को जब जिम्मी ने यह पत्र लिखा एक बग्घी ऐलामोर पहुंची। बग्घी में सवार था पुलिस जासूस बेन प्राइस जिसका मिशन था जिम्मी वेलन्टाइन को गिरफ्तार करना।

वह एक सराय में ठहरा और बड़ी खामोशी से जिम्मी के बारे में सब कुछ पता करता रहा जो कि वह जानना चाहता था। जिम्मी वेलेन्टाइन के ऐलामोरा प्रवास का लेखा जोखा।

गली के पार के ड्रग स्टोर से उसने स्पेंसर शू-स्टोर तक राल्फ.डी.स्पेंसर का अच्छी तरह निरीक्षण किया, अवलोकन किया।

"तो तुम बैंकर की बेटी से विवाह करने जा रहे हो।" बैन प्राइस ने मन ही मन जिम्मी के लिए कहा "यह तो मुझे मालूम ही नहीं था।"

दूसरे दिन जिम्मी ने 'अडेमसेस'में नाश्ता किया। वह 'लिटिल रॉक' जाना चाहता था ताकि अपने विवाह के सूट का आर्डर कर सके और एनेबेला के लिए कुछ खरीद सके।

जब से वह ऐलोमोरा आया था पहली बार कस्बे से बाहर जा रहा था। पिछली तिजोरी तोड़े उसे एक साल से ऊपर हो गया था, और पुलिस की ओर से कोई खास हलचल नहीं हुई थी।

यही कारण था कि जिम्मी ने कस्बे से बाहर निकलना निरापद समझा।

उसे क्या पता था कि जिस पुलिस से वह बचना चाह रहा था, उसका शरलाक होम्स उसे गिरफ्तार करने एलमोरा पहुंच भी चुका था।

नाश्ते के बाद पारिवारिक पार्टी हुई जिसमें मि. आडम, ऐनाबेला, जिम्मी और ऐनाबेला की विवाहित बहिन अपनी 9 और 5 साल की बच्चियों के साथ शामिल हुई।

पार्टी के बाद पूरा परिवार जिम्मी के होटल तक आया जहां वह अभी तक ठहरा हुआ था। वह भागा-भागा गया और अपने कमरे से अपना सूटकेस उठा लाया। फिर वे लोग बैंक पहुंचे जहां जिम्मी की बग्घी ड्राइवर डाल्फ गिब्सन के साथ खड़ी थी, जो जिम्मी को रेलवे स्टेशन तक पहुंचाने वाला था।

सब लोग बैंक के हॉल में पहुंचे जिम्मी भी उन लोगों में शामिल था, और फिर मि. आडम के दामाद का तो हर जगह स्वागत था।

बैंक के क्लर्क प्रसन्न थे क्योंकि वह सुदर्शन पुरूष कुमारी ऐनाबेल से विवाह करने वाला था।

जिम्मी ने हाथ में पकड़ा अपना सूटकेस नीचे रख दिया। ऐनाबेला तो फूली नहीं समा रही थी। उसने तो जिम्मी का हैट पहन

लिया और उसका सूटकेस उठा लिया। क्या मैं अच्छी ढोल-वादक नहीं लग रही हूं। ऐनाबेला बोली।

"मि. राल्फ यह बड़ा भारी है। लगता है इसमें सोने की ईंटे भरी हैं।"

"कई तरह के निकल की जूते की कीलें हैं इसमें।" जिम्मी ने शान्त स्वर में कहा। "मैं इन्हें वापिस करने जा रहा हूं। मैं खुद इन्हें इसलिए वापिस करने जा रहा हूं ताकि ट्रांसपोर्ट का खर्चा बचाया जा सके। मैं थोड़ा कंजूस नहीं हो गया हूं, ऐनाबेला?"

ऐलोमेरा बैंक में एक नई तिजोरी आई थी। मि. आडम को इस पर बड़ा गर्व था। उनकी जिद थी कि हॉल में मौजूद हर व्यक्ति इसका मुआइना करे।

तिजोरी ज्यादा बड़ी नहीं थी। इसका दरवाजा अलग किस्म का था। तीन स्टील बोल्ट इसके दरवाजे को बन्द करते थे। जो एक ही हैंडिल से चालित होते थे। दरवाजे की विशेषता यह थी कि इसमें टाइम-लॉक लगा था।

मिस्टर आडम ने मि. स्पैंसर को तिजोरी की कार्यपद्धति समझाई जो विनीत भाव से उन्होंने सुनी।

दोनों बच्चे मे और अगाथा चमचमाती तिजोरी के विचित्र ताले और घुंडियों को देख-देख हैरान हो रहे थे, प्रसन्न हो रहे थे।

तिजोरी का देखना दिखाना जब चल रहा था, तभी बेन प्राइस ने हॉल में कदम रखा और रेलिंग पर कुहनी टिका कर निर्विकार भाव से एक दर्शक की भांति सब कुछ देखने लगा। उसने खजांची से कहा कि उसे कुछ चाहिए नहीं वह तो बस एक परिचित का इन्तजार कर रहा था।

अचानक दो औरतों की चीखें उभरीं, और शोर मचने लगा। बड़े लोगों की आंख बचाकर छुपम छुपाई की तर्ज पर 9 वर्षीया मे ने अगाथा को तिजोरी में धकेल कर दरवाजा बन्द कर दिया था। जैसा कि उसने मिस्टर आडम को करते देखा था फिर तिजोरी की घुंडियाँ घुमा दीं थीं।

निश्चित और तिजोरी की घड़ी के समय निर्धारण पर चलने वाली तिजोरी अब अनिश्चित काल के लिए बन्द हो गई थी। बैंकर आडम ने तिजोरी को खोलने वाली घुंडियां तेजी से घुमाईं, पर व्यर्थ, समय पर खुलने वाली तिजोरी कहां खुलने वाली थी।

मिस्टर आडम ने माथा पीट लिया। न तो तिजोरी में समय निर्धारित किया गया था न ही तिजोरी खोलने वाले अंक उसमें स्थिर किए गए थे। अब तिजोरी अनन्त काल तक न खुलने वाली मशीन बन गई थी।

अगाथा की मां पागलों की तरह चीखने चिल्लाने लगी।

आदम अपना कांपता हाथ उठाते हुए बोला "कृपया सभी लोग शान्त हो जाएं, अगाथा!" वह चीखते हुए बोला 'मेरी बात सुनो'।

सभी शान्त हो गए, उस निविड़ शान्ति में तिजोरी के अन्दर से अगाथा की भय-मिश्रित चीखें बाहर सुनाई देने लगीं।

"ओ! मेरी प्यारी बच्ची" माँ चीखी "अरे वह तो डर से ही मर जाएगी। कोई तो दरवाजा खोलो इस नामुराद तिजोरी को तोड़ डालो। इतने लोगों में कोई इस मनहूस तिजोरी को नहीं खोल सकता।"

"लिटिल रॉक शहर से पहले कोई ऐसा आदमी नहीं है जो इसे खोल सके।" कांपती आवाज में मि. आडम बोले "कम्पनी के इन्जीनियर ही कुछ कर सकते हैं।"

"हे भगवान! स्पेंसर अब हम क्या करें? वह बच्ची लम्बे समय तक उसमें बैठी नहीं रह सकती। एक तो तिजोरी में काफी हवा नहीं होगी दूसरे डर के मारे वह अप्राकृतिक रूप से कांप रही होगी।

अगाथा की मां तो रो रो के पागल हो गई थी। वह तिजोरी का दरवाजा जोर-जोर से पीटने लगी।

किसी सिरफिरे ने सलाह दी, कि तिजोरी का दरवाजा डाइनामाइट से उड़ा दिया जाए।

ऐनाबेल ने जिम्मी (मि. स्पेंसर) की तरफ आशाजनक भाव से देखा, उसकी बड़ी बड़ी आंखें दुःख और संताप से भरीं थीं, पर वह निराश नहीं थी।

एक औरत जिस आदमी की पूजा करती है उसमें दुनिया जहान की शक्तियों की कल्पना कर लेती है।

"क्या तुम कुछ नहीं कर सकते 'राल्फ', कोशिश करो शायद तुम कुछ कर सको।" वह बोली।

जिम्मी के लिए एक ऐसी ऊहापोह की स्थिति थी जिसमें उसे तुरन्त निर्णय करना था। वह नामी सेफ-ब्रेकर है। तिजोरी तोड़ने के औजारों का बक्सा सामने पड़ा है। क्या करे वह? अगर वह तिजोरी तोड़ता है तो इस बार वह टूल-बॉक्स के साथ पकड़ा जाएगा। पूरे सबूत के साथ। पुलिस जासूस ब्रेन प्राइस भीड़ में मौजूद है। ऐनाबेल से शादी की बात तो दूर, वह जेल में होगा। उधर बच्ची की जिन्दगी का सवाल है, अगर उसने तुरन्त ही तिजोरी नहीं खोली तो बच्ची जान से जाएगी।

ऐनेबेला के साथ शादी या बच्ची की जान। दोनों में से किसी एक को चुनना था उसे। उसने तुरन्त निर्णय लिया। भले ही उसकी सारी जिन्दगी जेल में गुजरे, भले ही ऐलमोरा में उसने जो इज्जत बनाई है, जो ऐनेबेला का प्यार हासिल किया है चकनाचूर हो जाए वह मासूम बच्ची अगाथा की जान बचाएगा।

वह तिजोरी तोड़ेगा।

वह ऐनेबेला की तरफ मुड़ा और ओठों पर हल्की मुस्कान लिए बोला।

"ऐनाबेला क्या तुम वह गुलाब का फूल जो तुमने लगा रखा है मुझे दोगी?"

ऐनेबेला ने जैसे ठीक से सुना न हो उसने तुरन्त अपने वस्त्रों में लगा गुलाब का फूल उतारा और जिम्मी की हथेली पर रख दिया। जिम्मी ने तुरन्त उसे अपनी बॉस्केट में लगा लिया। उसने अपना कोट उतार फेंका और कमीज की बाहें ऊपर मोड़ लीं।

अब वह राल्फ.डी. स्पेंसर नहीं था। अब वह जिम्मी वेलेन्टाइन था। कुख्यात तिजोरीतोड़। न्यूयार्क जेल का कैदी नम्बर 9762।

उसने अपना सूटकेस मेज पर रखा और झटके से खोल दिया। अन्दर तिजोरी तोड़ने के अतिआधुनिक औजार दिखाई पड़ने लगे। उस समय उसे वे लोग नहीं दिख रहे थे जो आस पास खड़े थे। सीटी बजाता हुआ जैसी कि उसकी आदत थी वह अपने काम में लग गया। उसने टूल-किट के उपकरणों को मेज पर सजा दिया।

पलक झपकते ही जिम्मी की पसंदीदा ड्रिल तिजोरी में छेद कर रही थी। अब बच्ची के लिए हवा अन्दर जा सकती थी।

अपने ही पिछले रिकार्ड को तोड़ते हुए जिम्मी ने 10 मिनट में तिजोरी खोल दी।

अगाथा जो बेहोश थी, पर सुरक्षित थी अपनी मां की बाहों में थी।

जिम्मी वेलेन्टाइन ने अपना कोट पहना और रेलिंग को पार करता बाहर की तरफ बढ़ा। उसने पीछे से आती ऐनेबेला की आवाज 'राल्फ' सुनी। पर उसे अनसुना करके आगे बढ़ गया।

दरवाजे पर एक लम्बा तगड़ा आदमी जैसे उसका रास्ता रोके खड़ा हो।

"हैलो बेन" जिम्मी बोला "आखिर तुमने मुझे ढूंढ़ निकाला। है न। चलो चलें अब क्या फर्क पड़ता है।"

और तभी पुलिस जासूस बैन ने एक विचित्र व्यवहार किया। कर्तव्य पर इन्सानियत हावी हो गई। जैसे हथकड़ी जो जिम्मी को पहनाने के लिए थी उसके हाथ से छूटकर गिर पड़ी, और सुगन्धित फूल ने उसकी जगह ले ली। वह जिम्मी से बोला।

"शायद आपको गलतफहमी हुई है मिस्टर स्पेंसर। मैंने आपको पहचाना नहीं। बाहर आपकी बग्घी आपका इन्तजार कर रही है।"

और बैन प्राइस सड़क की ओर मुड़ कर जिम्मी की नजरों से ओझल हो गया।

(यह कहानी ओ. हेनरी की अत्यन्त लोकप्रिय कहानियों में से एक है। एक बच्ची की जान जब दांव पर हो तो वह अपराधी क्या करे जो अपनी सजा काट कर बाहर निकला हो। अपराधी के इसी ऊहापोह की कहानी है यह, जो अपने चमत्कारिक अन्त को पहुंचती है जिसके लिए ओ. हेनरी. प्रसिद्ध था।

यह उसके कथा संग्रह 'रोड्स ऑफ डेस्टिनी' की 10वीं कहानी है। इसका नायक अपराधी 'जिम्मी वेलेन्टाइन' है पर आप उससे नफरत नहीं प्यार करने लगेंगे। इसी कारण यह कहानी इस संकलन में भाग लेने की हकदार बनी।)

1000 डॉलर

(One Thousand Doller)

"एक हजार डॉलर" वकील टॉलमैन ने दुबारा कहा "और ये रहे वे 1000 डॉलर" उस पतले लिफाफे को लेते हुए जिसमें 50 डॉलर के नोटों के रूप में 1000 डॉलर मौजूद थे, नौजवान गिलियन एक विद्रूपी हंसी हंसा।

"यह चकित कर देने वाली भद्दी रकम है" उसने वकील से कहा। "ये 10000 डॉलर होते तो कोई भी प्रसन्नता से पटाखे छोड़ता और खुद को खुशकिस्मत समझता।

"तुमने अपने चाचा की वसीयत पढ़ी" वकील टॉलमैन ने व्यावसायिक सुलभता से कहा, मुझे नहीं लगता तुमने ठीक से इसकी बारीकियां समझीं हैं। इनमें से एक के बारे में मैं तुम्हें बताता हूं। तुमको हमें 1000 डॉलर का हिसाब देना है कि तुमने ये कैसे खर्च

किए। वसीयत तुमसे इसकी अपेक्षा रखती है। मैं तुमसे इस बात की आशा रखता हूं कि तुम स्वर्गीय मि. गिलियन की इच्छा का सम्मान करते हुए ऐसा करोगे।"

"तुम मुझसे इसकी आशा कर सकते हो।" नौजवान ने नम्रता से वकील की बात का जवाब दिया। "इसके बावजूद कि इस पर अतिरिक्त खर्चा होगा क्योंकि मुझे हिसाब किताब रखना नहीं आता, इसके लिए मुझे किसी एकाउन्टेंट की सेवाएं लेनी होगी।

गिलियन अपने क्लब पहुंचा वहां वह उस व्यक्ति को ढूढ़ने लगा जो 'ओल्ड ब्राइसन' के नाम से जाना जाता था।

ओल्ड ब्राइसन एक शान्त 40 वर्षीय एकान्त में रहने वाला व्यक्ति था।

वह एक कोने में बैठा कोई किताब पढ़ रहा था। जब उसने गिलियन को पास आते देखा तो उसने अपना चश्मा उतारा और किताब नीचे रख दी।

'ओल्ड ब्राइसन! जागो" गिलियन बोला "मेरे पास तुम्हे सुनाने को अजीब सी कहानी है।" "बेहतर है बिलियर्ड रूम में जाकर गप्प सुनने वाले किसी बेवकूफ को सुनाओ" ब्राइसन अरूचि से बोला तुम्हें अच्छी तरह मालूम है कि मैं तुम्हारी बोर कहानियों से कितनी नफरत करता हूं।"

"यह पहले से बेहतर कहानी है।" गिलियन एक सिगरेट से खेलता बोला "और तुम्हें इसे सुनाकर मुझे खुशी होगी।

यह शेखचिल्ली की किसी कहानी से कम नहीं, मैं अभी अभी अंकल के वकीलों के पास से आ रहा हूं। मेरे स्वर्गीय अंकल ने वसीयत में मेरे लिए 1000 डॉलर छोड़े हैं, जो वकीलों ने मेरे हवाले कर दिए हैं। अब एक व्यक्ति उन 1000 डॉलरों का क्या कर सकता है?"

"मैंने सोचा था" ओल्ड ब्राइसन वैसी ही दिलचस्पी दिखाता हुआ बोला जैसी कोई मधुमक्खी सिरके की बोतल में दिखाए। "मि. सैप्टीमस गिलियन के पास 5 लाख डॉलरों में कम नहीं रहे होंगे।"

"ये", गिलियन खुश होता हुआ बोला "यही वह स्थान है जहां अचरज शुरू होता है। उन्होंने अपना सारा सोने के सिक्कों का संकलन उस जीवाणुओं का अध्ययन करने वाली संस्था को दे दिया है। इसका एक हिस्सा उस व्यक्ति को जाएगा जो किसी नए कीटाणु की खोज करे। बाकी शेष हिस्सा एक अस्पताल खोलने पर खर्च होगा जहां इस कीटाणु को खत्म करने का काम होगा। इधर-उधर कुछ रूपये देने के बाद रसोइए और हाउस कीपर को एक अंगूठी और 10 डॉलर और उनके सगे भतीजे इस नामुराद को 1000 डॉलर मिले हैं।"

"पर तुम्हें तो खर्च करने के लिए काफी पैसे मिलते थे।" ब्राइसन बोला "ढेर सारा" गिलियन बोला" जहां तक जेब खर्च का सवाल है अंकल मेरे लिए गॉडमदर जैसे थे।"

"कोई और वारिस"? ब्राइसन ने पूछा—

"नहीं" गिलियन क्रोध से बोला, अपनी सिगरेट मसल दी और दीवान के गद्दे पर जोरदार ठोकर लगा दी।

एक मिस हीडन हैं जो चाचाजी की देखभाल करतीं थीं। जो अंकल के मेंशन (महल) में ही रहती हैं। वे अद्भुत संगीत की तरह हैं। वे अंकल के किसी बदकिस्मत दोस्त की बेटी हैं। मैं बताना भूल गया उनके हिस्से में भी 10 डॉलर और एक अंगूठी आई है।

अच्छा होता मुझे भी एक अंगूठी और 10 डॉलर मिले होते और मैं भी शराब की दो बोतलें ऑर्डर कर अंगूठी वेटर को टिप में दे देता और सारे मामले से पल्ला झाड़ लेता।

"अब तुम्हीं बताओं ब्राइसन एक व्यक्ति 1000 डॉलर में क्या कर लेगा?

क्या नंगी नहाए क्या निचोड़े।"

ओल्ड ब्राइसन ने चश्मे का शीशा साफ किया और मुस्कराया। जब ओल्ड ब्राइसन अपने चश्मे का शीशा साफ करता था तो गिलियन समझ जाता था कि ब्राइसन अब पहले से भी ज्यादा उत्तेजक होने वाला है।

"1000 डॉलर" वह बोला "कम या ज्यादा कोई भी इससे एक मकान खरीद सकता है और रॉक फैलर पर हंस सकता है। 1000 डॉलर से 100 बच्चों के लिए शुद्ध दूध खरीदा जा सकता है जो उनके जून जुलाई और अगस्त में काम आ सकता है और उनकी जिन्दगी बचाई जा सकती है। इनसे एक प्रतिभाशाली छात्र की फीस दी जा सकती है। कल ही मैंने सुना था कि एक नीलामी में असली कोरोट (एक कलाकृति) को किसी ने 1000 डॉलर में खरीद लिया था। 1000 डॉलर में तुम मैडीसन स्क्वायर को किराए पर लेकर भाषण दे सकते हो बशर्ते कि तुम भीड़ जुटा सको।"

"हो सकता है लोग तुम्हें पसन्द करते हों ओल्ड ब्राइसन" गुलियन बोला "पर भाषण की बजाए मुझे यह बताओ कि इन 1000 डॉलर को मैं कहां खर्च करूं?"

"तुम", एक शालीन मुस्कान ओठों पर ला ब्राइसन बोला "गिलियन, एक तर्कसंगत तरीका है जिससे तुम इन्हें खर्च कर सकते हो। तुम मिस लौट्टा लारिएके के लिए एक हीरे का पैंडिल खरीद सकते हो। या इडाहो जाकर किसी पशुशाला में दान देकर अपनी मौजूदगी दर्ज करा सकते हो। मैं भेड़ों के बाड़े की सलाह दूंगा। क्योंकि मैं भेड़ें पसन्द करता हूं।"

"धन्यवाद" गिलियन उठता हुआ बोला "मैं समझता हूं कि मैं तुम पर भरोसा कर सकता हूं। ओल्ड ब्राइसन तुमने मेरी समस्या की नस पकड़ ली। तुम्हारी सलाह का अर्थ है कि मैं एक ही बार में रकम खर्च कर सकता हूं। और उसका एक ही बार में हिसाब दे सकता हूं। ये अलग-अलग चीजों पर खर्चे का हिसाब मेरे बस का नहीं।"

गिलियन ने एक टैक्सी को फोन किया। टैक्सी आने पर ड्राइवर को अपना गन्तव्य बताया।

"कोलम्बिया थियेटर"

मिस लौट्टा लारिएके चेहरे पर पाउडर की अंतिम परत चढ़ा रहीं थी और स्टेज पर जाने की जल्दी में थी। तभी उनकी ड्रेसर ने बताया कोई मि. गिलियन आपसे मिलना चाहते हैं।

'बुलाओ' लोरिएके बोली "ये क्या है बॉबी मुझे 2 मिनट में स्टेज पर जाना है।

"अपने सीधे कान को जरा मसल दो" गैलियन बोला "अब ठीक है, मुझे ज्यादा से ज्यादा दो मिनट ही लगेंगे। गले के लटकन के बारे में तुम्हारा क्या ख्याल है। मैं एक अंक के आगे तीन जीरो लगा सकता हूं। इतनी रकम है मेरे पास।"

"ओह, जैसा तुम कहो", मिस ले. लोरिएके बोली।

"मेरा दाएं हाथ का दस्ताना, एडम! बॉबी तुमने गले का वह लटकन (हार) देखा था जो पिछली रात की पार्टी में डेला स्टेशी ने पहन रखा था? यह टिफैनी ज़ेवरात भंडार में 2200 डॉलर का था। ज़रा मेरे गाउन की डोरी थोड़ी बांयी तरफ खींच देना आडम।"

"मिस लेरिएके स्टेज पर पहुचो।" पर्दा खींचने वाले लड़के ने हाँक लगाई।

"मिस लेरिएके तो बहुत ही व्यस्त है। इसके पास तो मुझसे बात करने तक का वक्त नहीं है। इस पर 1000 डॉलर खर्च करूं–नहीं।" गिलियन ने सोचा और टैक्सी ड्राइवर से पूछा।

"तुम क्या करोगे अगर 1000 डॉलर तुम्हारी जेब में हों?"

"एक सैलून खोल लूंगा।" ड्राइवर ने तुरन्त ही फुसफुसाते हुए कहा। मुझे एक ऐसी जगह का पता है जहां मैं दोनों हाथों से पैसा लुटा सकता हूं। यह सड़क के कोने की एक इमारत है। मैंने सारा कुछ सोच लिया है। दूसरी मंजिल पर शराब और गोश्त। वहां का चिकन बहुत स्वादिष्ट होता है। तीसरी मंजिल पर आराम से बाल और नाखून कटवाओ। चौथी मंजिल पर जुआ चलता है। अगर तुम...

"ओह नहीं, मैंने बस जिज्ञासावश पूछा था। मैं तुम्हें घन्टे के हिसाब से पैसा दूंगा इसलिए जब तक मैं न कहूं, टैक्सी दौड़ाते रहो।"

आठ ब्लॉक गुजर जाने के बाद गिलियन ने टैक्सी रुकवाई। फुटपाथ पर एक अन्धा आदमी स्टूल पर बैठा पैंसिल बेच रहा था।

"तुम अभी उस टैक्सी से उतरे हो जो अभी अभी आई है" अन्धा बोला "हां"—गिलियन ने उत्तर दिया।

मैं अनुमान लगा सकता हूं कि तुम बिल्कुल ठीक होगे" पेंसिल बेचने वाले ने कहा "दिन में टैक्सी की सवारी करना आनन्ददायक है। लो, यह देखो।"

अन्धे ने अपनी जेब से एक डायरी सी कोई कितबिया निकाली और आगे बढ़ा दी। गुलियन ने उसे खोला। वह एक बैंक की पासबुक थी, उसमें अन्धे व्यक्ति के नाम से 1785 डॉलर जमा थे।

पासबुक अन्धे को वापिस कर गिलियन फिर टैक्सी में जा बैठा।

"मैं कुछ भूल गया हूं" उसने कहा "तुम मुझे टॉलमैन एक शार्प के दफ्तर ब्रोड वे पर ले चलो।"

वकील टॉलमैन ने अपने सोने के फ्रेम वाले चश्मे से उत्सुकता और आक्रमकता से देखा। "मुझे माफ करना" गिलियन प्रसन्नता से बोला "पर क्या मैं आप लोगों से एक सवाल कर सकता हूं।" क्या मेरे चाचा जी ने मिस हैडेन के लिए अंगूठी और 10 डॉलर के अलावा भी कुछ छोड़ा था।

"नहीं कुछ भी नहीं" वकील बोला।

"आपका बहुत बहुत धन्यवाद। सर।" बोलता गिलियन वापिस टैक्सी में जा बैठा। और अपने स्वर्गीय चाचा का पता बताता, ड्राइवर से वहां चलने को कहा।

मिस हैडेन लाइब्रेरी में बैठी कुछ पत्र लिख रहीं थीं। वह मध्यम कद थी। दुबली पतली थीं और काले कपड़ों में खूब फब रही थीं। उसकी खूबसूरत आंखें अत्यंत आकर्षक थीं, गुलियन जैसे उन नील-झील आंखों में डूब गया।

"मैं अभी अभी चाचाजी के वकील टिलमैन के पास से आ रहा हूं।" उसने कहा "वे उनके कागजों को खंगाल रहे थे, उन्होंने एक कागज देखा जिसमें चाचाजी ने वसीयत में एक संशोधन किया था। गिलियन भरकस कोई कानूनी शब्दावली ढूढ़ने की कोशिश कर रहा था। शायद अंकल को बाद में खयाल आया हो उन्होंने तुम्हारे लिये 1000 डॉलर और छोड़े हैं। मैं यहीं आ रहा था सो मि. टिलमैन ने मुझे ये 1000 डॉलर तुम्हें देने को कह दिया है। रकम मेरे पास है।

लो, गिन लो और चौकस करो।" गिलियन ने 1000 डॉलर की रकम मेज पर मिस हेडेन के हाथ के पास सरका दी।

मिस हैडेन सकते में आ गईं "ओह," वह बोलीं "ओह"।

गिलियन आधा मुड़ा और खिड़की की तरफ मुंह करके बोला "मैं समझता हूं, मिस हैडेन मैं तुमसे बेहद प्यार करता हूं। आई लव यू।"

"पर इसका क्या फायदा?" गिलियन का स्वर जैसे भर्रा गया।

"मुझे खेद है" वह बोलीं, और रकम उठा ली।

"क्या मैं कुछ लिख सकता हूं" गिलियन ने हैडेन से मुस्कराते हुए कहा। वह लाइब्रेरी की बड़ी मेज पर बैठ गया। हैडेन ने उसे कागज और पैन दे दिया और अपने अध्ययन कक्ष में चली गईं।

गिलियन ने अपने 1000 डॉलर के खर्चे का विवरण कुछ इस तरह लिखा।

"इस कमबख्त रार्बट गिलियन ने अपने 1000 डॉलर उस लड़की को दिए हैं जो सबसे अच्छी है और मुझे सबसे ज्यादा प्यारी है, और जिसने मुझे सबसे ज्यादा खुशी दी है।"

आर. गिलियन

उसने कागज को एक लिफाफे में बंद किया, लिफाफा जेब में डाल वह टैक्सी की तरफ बढ़ गया।

उसकी टैक्सी फिर वकील टौलमैन के दफ्तर पर आ कर रुकी।

"मैंने 1000 डॉलर खर्च कर दिए हैं।" उसने प्रसन्नता से वकील टैलमैन से कहा "मैं उन डॉलरों का हिसाब देने आया हूं। हवा में कुछ गर्मी सी नहीं है मिस्टर टैलमैन।" कहते हुए उसने एक सफेद लिफाफा वकील की तरफ बढ़ा दिया। "इसमें तुम्हें मेरा 1000 डॉलर का खर्च का ब्यौरा है मिल जाएगा। मेरे खर्च करने का तरीका भी इसमें है।"

लिफाफे को बिना छुए मि. टौलमैन एक दरवाजे के पास गए और उसे खोलकर अपने भागीदार शार्प को आवाज दी। दोनों ने एक भारी भरकम तिजोरी को खोला। उसमें से उन्होंने एक बड़ा मुहरबन्द

लिफाफा बरामद किया। लिफाफे को खोल दोनों वकील लिफाफे में रखे कागजों पर माथा पच्ची करते रहे।

आखिर टोलमैन ही वक्ता बना। "मिस्टर गिलियन" वह बोला "तुम्हारे चाचाजी की वसीयत का एक संशोधन-पत्र भी था। इसमें हमसे अंतरंगता से बताया गया है, और निर्देश दिया गया है कि इसे तब तक न खोला जाए जब तक कि 1000 डॉलर का ठीक-ठीक हिसाब न मिल जाए। क्योंकि तुमने शर्त पूरी कर दी है इसलिए हम इसे खोल सकते हैं, और इस संशोधन-पत्र को पढ़कर तुम्हें सुना सकते हैं। तुम्हें इस पत्र की कानूनी भाषा की पेचीदगी में न उलझा कर इसकी भावना या लब्बोलुबाब तुम्हें बताए देते हैं।

"तुमने 1000 डॉलर खर्च करने में अगर इस भावना का परिचय दिया जिससे कि तुम इनाम के हकदार बन सको तो तुम्हें ज्यादा बड़ी रकम दे दी जाएगी। मुझे और शार्प को इस मामले में न्यायाधीश बनाया गया है। हम इस बात का तुम्हें पूरा विश्वास दिलाते हैं कि हम न्याय के सभी नियमों का पालन करेंगे और तुम्हारे साथ कोई अन्याय नहीं करेंगे। अब संशोधन-पत्र की तरफ आते हैं।"

"अगर तुम 1000 डॉलर को बुद्धिमानी से निस्वार्थ भाव से और मितव्ययी तरीके से खर्च करते हो तो तुम्हें 50,000 डॉलर के बांड दे दिए जाएंगे। और अगर तुमने पिछली जिन्दगी की तरह फिजूलखर्ची की या आवारागर्दी की औंर अपने स्वार्थी दोस्तों पर पैसा लुटाया तो तुम्हारे स्वर्गीय मि. गिलियन की वसीयत के संशोधन-पत्र के अनुसार यह रकम उनकी सेवा करने वाली मिस हैडेन को दे दी जाएगी।"

"अब मिस्टर गिलियन मैं और मि. शार्प तुम्हारे 1000 डॉलर के खर्चे के विवरण का निरीक्षण और विश्लेषण करेंगे। तुमने निश्चय ही इसे लिख लिया होगा। मुझे विश्वास है तुम हमारे निर्णय का सम्मान करोगे।"

मिस्टर टोलमैन ने लिफाफे की तरफ हाथ बढ़ाया, पर गिलियन ज्यादा फुर्तीला निकला और तेजी से हाथ बढ़ाकर लिफाफे को हथिया लिया। उसने लिफाफे समेत उसमें रखे कागजों की चिन्दी चिन्दी कर दी और कूड़े दान में फेंक दिया।

मुस्कराते हुए उसने कहा "तुम्हें मेरे 1000 डॉलर के खर्चे के विवरण को पढ़ने की तकलीफ नहीं करनी पड़ेगी। तुम्हें खुद ही समझ जाना चाहिए कि लिफाफे में क्या हो सकता था।

मैंने 1000 डॉलरों को घोड़ों की रेस पर लगा दिया और मैं हार गया।

तुम्हारा दिन अच्छा गुजरे सज्जनो।"

टोलमैन और शार्प ने हैरानी से अपना सिर हिलाया और एक दूसरे की तरफ देखा। उन्होंने देखा कि गुलियन लिफ्ट का इन्तजार करता हुआ बड़ी खुशी से सीटी बजा रहा था।

(इस कहानी में नायक को जब पता चलता है कि अगर उसके खर्च का ब्यौरा वकीलों को उचित नहीं लगा तो 50,000 डॉलर मिस हैडन को दे दिए जाएंगें। तो वह लिफाफे पर झपट कर उसे फाड़ डालता है। और घोड़ों की रेस में हार का खर्च का ब्यौरा बताता है ताकि 50,000 डॉलर उसकी प्रिया मिस हैडन को मिल सकें, यह प्रेम में बलिदान का अद्‌भुत उदाहरण हैं।)

(इस कहानी को ओ. हेनरी. की कथा संग्रह 'दी वायस ऑफ दी सिटी' से लिया गया है। यह इस संग्रह की आठवीं कहानी है। कहानी के नायक को एक वसीयत के अनुसार 1000 डॉलर खर्च करने हैं। अगर वह इस रकम को किसी नेक काम में खर्च करता है तो आगे उसे बड़ी रकम मिल सकती है। फिजूलखर्च नायक इस ऊहापोह में कइयों से खर्च करने का तरीका पूछता है, पर कहीं संतुष्ट नहीं होता।

पाठक उस समय चौंक जाता है जब वह इस रकम को अप्रत्याशित तरीके से खर्च कर डालता है कहानी की कथावस्तु बिल्कुल पेचीदा नहीं है। फिर भी ओ. हेनरी. ने इसमें प्रेम की मानवीय संवेदना को प्राथमिकता दी है। ओ. हेनरी. को लघु कथाओं का सम्राट यूं ही नहीं कहा जाता। यह कहानी इस संकलन में होने का पूरा अधिकार रखती है।)

रेडचीफ की फिरौती

(The Ransom of Redchief)

ऐसा मत समझो कि सब कुछ ठीक-ठाक था जब तक कि असल बात मैं तुम्हें न बता दूं। हम लोग अलाबामा के दक्षिणी क्षेत्र में थे। मैं और बिल ड्रिसकौल। जब अपहरण का विचार हमारे दिमाग में कौंधा तो बाद में बिल ने कहा था कि उस समय हमारे दिमागों पर किसी भूत की छाया पड़ गई थी, इसका पता हमें बहुत देर से चला।

इलाके में एक गांव था जिसका नाम 'समिट' था। समिट का अर्थ चोटी होता है। पर गांव समतल भूमि पर बसा हुआ था। इसमें रहने वाले लोग सीधे-सादे संतुष्ट किसान थे।

बिल और मेरे साझा खाते में 600 डॉलर रह गए थे, और बैंक के नियमों के अनुसार उसमें 2000 डॉलर दरकार थे।

हमें पश्चिमी इलिनाओस में हेरा-फेरी और कपट की योजना के लिए रकम चाहिए थी। इस अपराध में हमें काफी लाभ होने की

आशा थी। हमने होटल की सीढ़ियों पर बैठकर यह योजना बनाई थी। यह अर्ध-विकसित क्षेत्रों में ज्यादा सफल हो सकती थी।

तब हमें अपहरण, डकैती जैसी योजना से ज्यादा कारआमद लग रहा था। इसमें डकैती से कम जोखिम था। क्योंकि डकैती में अखबार वाले तिल का ताड़ बनाने में जरा भी देर नहीं लगाते।

हमारी सोच थी कि 'समिट' के भोले नागरिक हमारे पीछे नहीं पड़ जाएंगे, वे ज्यादा से ज्यादा किसी पुलिसिए को हमारे पीछे लगा सकते थे, या किसी आलसी जासूस को हमें ढूंढ निकालने का काम सौंप देते। हम इन दोनों से आसानी से निपट लेते। प्रेस के नाम पर वे 'साप्ताहिक किसान बजट' में छपवा सकते थे जिसका कोई खास प्रभाव न पड़ता।

इन्हीं कारणों से हमें अपहरण की योजना कारआमद लगी, सटीक लगी, लाभप्रद लगी।

हम दोनों की इस पर सहमति बन गई।

हमने 'समिट' के प्रमुख नागरिक एबेनेजर डॉरसेट जो धनवान था, के एकमात्र पुत्र को अपना शिकार चुना। उसका पिता डॉरसेट सम्मानीय था और चीजें गिरवीं रखने का व्यवसाय करता था। और भी कई धन्धे थे उसके। मालदार आसामी तो वह निश्चय ही था।

उसका लड़का 10 वर्ष का था उसके बाल उस पत्रिका के रंगीन कवर की तरह थे जिसे तुम ट्रेन पकड़ते समय न्यूज स्टैन्ड से खरीदते हो। बिल और मुझे पूरी आशा थी कि लड़के का बाप 'एबेनेजर' आसानी से जेब ढीली कर देगा और हमें 2000 डॉलर मिल जाएंगे।

पर ठहरिए, आगे सुनिए। 'समिट' कस्बे से दो मील आगे एक छोटी सी पहाड़ी थी जो चीड़ के पेड़ों से ढकी हुई थी। पहली नजर में तो वह दिखाई ही नहीं पड़ती थी। इसके पिछले हिस्से में जो उठान पर था एक गुफा थी, जो हमारा अस्थायी निवास था, इसी गुफा में हम अपनी जरूरत का सामान इकट्ठा कर चुके थे।

एक शाम सूर्यास्त के बाद हम एक बग्घी में थे और टोह लेने के इरादे से डॉरसेट के घर के समाने से गुजरे। बच्चा गली में था और

सड़क के दूसरी तरफ एक बिल्ली के बच्चे को पत्थर मार रहा था। वह हमारे भाग्य से टोह के दौरान ही मिल गया तो हमने उसे तभी पकड़ने की सोच ली।

"ए बच्चे," बिल ने उससे कहा "क्या तुम बग्घी की सैर करोगे? और हम तुम्हें ढेर सारी टॉफियां भी देंगे।"

लड़के ने पत्थर का अचूक निशाना लगाया जो सीधा बिल की आंख पर जा लगा।

"अब उस बुढऊ के 500 डॉलर ज्यादा देने होंगे। बिल बग्घी पर चढ़ते हुए बड़बड़ाया।"

पकड़ते समय लड़के ने किसी दक्ष लड़ाके की तरह ऐसी हाथापाई की जैसी कि दो मुर्गों की लड़ाई में देखी जाती है।

पर आखिर हमने उसे पकड़ कर बग्घी के फर्श पर डाला और बग्घी दौड़ा दी।

बग्घी हमने गुफा के पास चीड़ के पेड़ों की आड़ में रोक दी।

अंधेरा होने पर हम वापिस गांव गए और किराए की बग्घी वापिस कर दी फिर गुफा में वापिस लौट आए।

बिल लड़के द्वारा लगाई खरोंचों की मरहम-पट्टी करने लगा। गुफा के दरवाजे पर एक बड़ी चट्टान के पीछे हमने आग जला रखी थी। लड़का उसी को देख रहा था। उसके लाल बालों में चील के दो पंख खुसे हुए थे। जब मैं उसके पास पहुंचा तो उसने एक डंडी मुझ पर तान दी और धमकी दी।

"ओ पीले चेहरे वाले तुमने रेड चीफ के तम्बू में घुसने की हिमाकत की है, जो इस इलाके का आतंक समझा जाता है।"

"अब वह ठीक-ठाक लगता है" बिल बोला। अपनी पेन्ट से ऊपर सरका कर वह पिंडली के जख्मों का निरीक्षण कर रहा था।

"हम इन्डियन इन्डियन खेल रहे हैं, हम बफैलोबिल का शो कर रहे हैं जो! ऐसा लगता है कि हम मैजिक लालटेन से फिलिस्तीन का सभा भवन देख रहे हैं। मैं बूढ़ा हॉक (चील) हूं और उसका बन्दी हूं

और सुबह सबेरे मेरी गर्दन उतार ली लाएगी। जर्मीनो की कसम उस लड़के की ठोकरें ताकतवर थीं।"

"ठीक कहा सर", लड़का खिलखिलाकर बोला। गुफा और जंगल के नैसर्गिक वातावरण ने लड़के को पिकनिक जैसा आनन्द दे दिया था। और वह भूल गया था कि वह खुद एक कैदी है।

उसने तुरन्त ही मुझे नया नाम दे दिया "साँप की आंख", और घोषणा कर दी कि जैसे ही उसके कबीले के योद्धा युद्ध से लौटेंगे, मुझे लोहे के डंडे में फंसा कर कबाब की तरह भून दिया जाएगा।

फिर हमने खाना खाया, लड़के ने अपने मुंह में सुअर के मांस के टुकड़े, रोटी और तरी भर ली और बोलने लगा।

भाषण कुछ यूं था।

"मुझे यह सब कुछ अच्छा लग रहा है; मैंने कभी इस तरह पिकनिक नहीं मनाई थी। मेरे पास एक पालतू अपोजम थी। मैं पिछले जन्मदिन पर नौ साल का था। मुझे स्कूल जाने से नफरत है। चूहों ने जिम्मी टॉलबोट की मुर्गी के 16 अंडे कुतर कर खा डाले थे। क्या इन जंगलों में कुछ असली रेड-इन्डियन्स हैं। मुझे कुछ और तरी चाहिए। क्या पेड़ों के चलने से हवा चलती है। मेरे पास पांच पिल्ले हैं। हैंक तुम्हारी नाक इतनी लाल क्यों है? मेरे बाप के पास ढेर सारा पैसा है। क्या सितारे गर्म होते हैं? मैंने एडवॉकर को शनिवार के दिन दो दफा कोड़े लगाए! क्या बैल कोई आवाज करते हैं? मुझे लड़कियां नापसन्द हैं। तुम डोरी के बिना मेढ़क नहीं पकड़ सकते। संतरे गोल ही क्यों होते हैं? क्या इस गुफा में सोने के लिए तुम्हारे पास कोई बिस्तर है। एमोस मरे के छः उंगलियां हैं। तोता बात कर सकता है। पर बन्दर और मछली ऐसा नहीं कर सकते। 12 बनाने के लिए कितने अंकों की जरूरत है।"

थोड़ी-थोड़ी देर बाद वह चेतावनी दे देता। कि वह एक हुज्जती इंडियन है।* और डंडे को रायफल की तरह तान सधे कदमों से गुफा के मुहाने पर पहुंच जाता और पीले चेहरे वालों (अंग्रेज) की जासूसी करता। वह इतने जोर से चिल्लाता कि पूरी गुफा एक डरावनी आवाज से गूंज उठती। बिल को तो उसने शुरू से ही डरा दिया था।

"लाल चीफ" मैंने बच्चे से कहा "क्या तुम वापिस घर जाना चाहते हो?"

"किसलिए" वह बोला, "मुझे घर में मजा नहीं आता। स्कूल जाना मुझे पसन्द नहीं, मुझे पिकनिक अच्छी लगती है। ओ 'साँप की आंख' तू मुझे घर तो नहीं ले जाएगा।"

"नहीं अभी नहीं" मैंने कहा "अभी हम यहीं गुफा में रहेंगे।"

"ठीक है," लड़का बोला "यह अच्छा रहेगा मैंने अपनी पूरी जिन्दगी में इतने मजे कभी नहीं किए।"

करीब ग्यारह बजे हम सोने चले गए। हमने कम्बलों को बिछा लिया था। रजाइयां ओढ़ लीं थीं और रेडचीफ (लड़का) को बीच में लिटा दिया था। अब हमें उसके भागने का कोई डर नहीं था। हम पर अभी मुसीबतों का पहाड़ नहीं तो चट्टान तो टूटने वाली थी। उसने अपनी हरकतों से हमें तीन घंटे जगाए रखा। कभी वह उछलता कभी डंडे को रायफल बना हम पर तान देता और जोर से चिल्लाता। वह हमें परेशान करने के लिए हर वह हरकत कर रहा था जो गुन्डे शरीफ लोगों को सताने के लिए करते हैं या जो लड़के की कल्पना में आती।

आखिर मुझे जैसे तैसे नींद आई।

नींद में मुझे यह सपना आया कि मेरा अपहरण कर लिया गया है और मुझे ज़ंजीरों से एक समुद्री डाकू ने बांध दिया है जिसके बालों का रंग लाल है।

सुबह मेरी आंख तब खुली जब मुझे बिल की चीखें लगातार सुनाईं दी। वे चिल्लाहट नहीं थी, वे गुर्राहटें भी नहीं थीं जो पुरूष की सांस नली से निकलती हैं वे ऐसी चीखें थी जो किसी स्त्री के मुंह से तब निकली हों जब या तो उसने भूत देख लिया हो या फिर कोई कॉकरोच देख कर डर गई हो।

मैं हड़बड़ा कर यह देखने उठ बैठा कि माजरा क्या था। रेडचीफ बिल की छाती पर चढ़ा हुआ था, एक हाथ से उसने बिल के बाल कस कर पकड़ रखे थे। उसके दूसरे हाथ में वह छुरा था जिससे हम

गोश्त के टुकड़े किया करते थे। वह सचमुच ही बिल के बाल काटने या खोपड़ी पर वार करने को तत्पर था। लड़का बिल की वह हालत करना चाहता था जो उसने पिछली शाम को किए अपने वायदे में बयान की थी।

मैंने छुरी लड़के के हाथ से छीनी और उसे लेटने को कहा।

उसी समय से बिल का आत्मबल टूट गया। वह सो तो जाता पर वह लड़के के डर से आंखें कभी बन्द नहीं करता था। जब तक कि लड़का जो अपने आप को रेडचीफ कहता था, हमारे साथ रहा बिल की यही हालत रही।

मैं थोड़ी देर के लिए उनींदा हो गया, पर मुझे याद था कि रेडचीफ ने मुझे क्या धमकी दी थी कि मुझे डंडे में पिरोकर जलाया जाएगा और वह भी सुबह की पहली किरन के साथ। मैं डर से भयभीत नहीं था फिर भी मैंने अपना पाइप सुलगाया और चट्टान से पीठ सटा कर पीने लगा।

"सैम बड़ी जल्दी उठ गए?" बिल ने शंका व्यक्त की "मैं..." मैं बोला "मेरे कन्धे में दर्द हो रहा था सोचा बैठने से कुछ आराम मिलेगा।"

"तुम झूठ बोल रहे हो" बिल बोला "तुम डर गए हो। उसकी धमकी में तुम्हें सुबह कबाब की तरह भूनने की बात थी, अब तुम्हें ऐसा लग रहा है कि सचमुच ही वह ऐसा कर ही न दे। और वह ऐसा कर ही देगा अगर उसे कहीं से माचिस मिल जाए।

क्या यह भयावह नहीं है सैम? क्या तुम्हें विश्वास है कि ऐसी शैतान की औलाद को कोई फिरौती दे कर अपने घर में वापिस लेना चाहेगा।"

"बिल्कुल", मैंने कहा "ऐसे उपद्रवी बच्चे को मां बाप बहुत प्यार करते हैं, भले ही वह ऐसा मूर्खतावश करते हों, अब तुम और चीफ नाश्ता बनाओ, मैं जरा पहाड़ की चोटी पर जाकर इधर-उधर का जायज़ा लेता हूं।"

मैं पहाड़ी की चोटी पर चढ़कर आसपास के इलाके का निरीक्षण करने लगा। मैंने अपनी नज़र 'समिट' कस्बे की तरफ घुमाई। मुझे उम्मीद थी कि कस्बे वाले हथियारों से लैस इकट्ठे हो कर अपहरणकर्ताओं की तलाश में चले आ रहे होंगे। पर मैंने देखा कि कस्बे में कोई हलचल ही न थी। कस्बा बिल्कुल शान्त था। एक आदमी अपने खच्चर से खेत जरूर जोत रहा था। कोई हाथगाड़ी खींचता नजर नहीं आ रहा था। दुखी मां-बाप तक पल-पल की खबर लाने हरकारे कहीं नहीं दौड़ रहे थे।

क्या माजरा था?

अलाबामा जिले के बाहरी ग्रामीण क्षेत्र में जैसे अलसाया वातावरण था। एक बड़े आदमी के लड़के का अपहरण हो गया था और किसी को परवाह ही नहीं थी। शायद अभी उन्हें अपहरण का पता ही न हो। भेड़िया मेमने को बाड़े से उठा ले गया था वे शायद जान नहीं पाए थे। ईश्वर भेड़िये की रक्षा करे। मैं नाश्ता करने पहाड़ी से नीचे उतर आया।

जब मैं गुफा में घुसा तो मैंने देखा बिल गुफा की दीवार से टिका गहरी सांसे ले रहा था और लड़का हाथ में नारियल के आकार के बराबर का पत्थर हाथ में उठाए उसे मारने की धमकी दे रहा था।

"इसने गर्म गर्म आलू मेरी कमीज के कॉलर से नीचे डाल दिया" बिल ने कहा "और फिर मेरी पीठ पर लात मार कर उसे फोड़ दिया। इस पर मैंने इसके कान क्या उमेठे, खुद ही देख लो कितना बड़ा पत्थर हाथ में लिए मुझे मारने को तैयार खड़ा है। सेम! तुम्हारे पास कोई गन है।"

मैंने पत्थर लड़के के हाथ से छीन लिया किसी तरह मामला शान्त किया। लड़का बिल पर चीखा "मैं तुम्हें देख लूंगा। कोई रैडचीफ पर हाथ उठा कर बच नहीं सकता। मैं तुम्हें चेतावनी दे रहा हूं।"

नाश्ते के बाद लड़के ने अपनी पैन्ट की जेब से गुलेल निकाली और गुफा से बाहर चला गया।

“अब क्या करेगा वह?” बिल ने डरते डरते पूछा “कहीं वह भाग तो नहीं जाएगा?”

“नहीं इसका डर नहीं” मैंने कहा “वह कोई घरेलू लड़का नहीं है, पर हमें फिरौती के बारे में कोई योजना बनानी होगी। कस्बे में इसके अपहरण से कोई हलचल हुई हो ऐसा नहीं लगता। हो सकता है उन्हें पता ही न हो कि लड़के का अपहरण हो गया है।”

उसके माता-पिता समझ रहे हों कि वह शायद अपनी चाची के घर गया हो या पड़ौस में किसी के घर सोया पड़ा हो।

चाहे जो हो आज इस बात का पता उन्हें चल जाएगा कि उसका अपहरण हो गया है। आज रात में उसके पिता को संदेश पहुंचाना होगा कि अगर लड़का चाहिए तो 2000 डॉलर हमें पहुंचाओ।

तभी हमें एक युद्ध-नाद सा सुनाई दिया ठीक वैसा ही जैसा भीम ने दुःशासन को मारते समय किया होगा। या डेविड ने गोलिएथ को मारने से पहले किया होगा। यह वह गुलेल थी जिसे रैडचीफ अपने सिर के ऊपर चकरी की तरह घुमा रहा था।

मेरा सिर गुलेल की चपेट में आने से बाल-बाल बचा। तभी धम्म की जोरदार आवाज आई और बिल के मुंह से एक चीत्कार निकली। अंडे के आकार का एक पत्थर उसके कान के पास आकार पूरी शक्ति से आ लगा था। वह आग के पास गर्म होते पानी के पास आकर गिरा जिसे हम बर्तन साफ करने के लिए उबाल रहे थे। मैंने बिल को खींचा और आधे घंटे तक उस पर ठंडा पानी डालता रहा।

बिल अपने कान के पास हाथ लगाता और मुझसे कहता “सैम, तुम जानते हो बाइबिल का कौन सा पात्र मुझे सबसे अच्छा लगता है”

“शान्त रहो बिल” मैंने कहा “तुम जल्दी ठीक हो जाओगे”

“राजा हीरोड” वह बोला। “तुम मुझे छोड़ के नहीं जाना, नहीं जाओगे न सैम।”

मैं बाहर गया और लड़के को इतनी जोर से झिंझोड़ा कि उसकी हड्डियां तक कड़क गईं।

"अगर तुमने ठीक व्यवहार नहीं किया तो मैं सीधा तुम्हें तुम्हारे घर छोड़ आऊंगा, बोलो तमीज़ से रहोगे या नहीं?"

"मैं खेल रहा था" यह चिड़चिड़ाता बोला मैं ओल्ड हैंक (बिल) को चोट पहुंचाना नहीं चाहता था इसने मुझे क्यों मारा?

मैं तमीज़ से रहूंगा 'साँप की आंख' अगर तुम मुझे घर पहुंचाने की बात जुबान पर न लाओ। और आज मुझे ब्लैक स्काउट का खेल खेलने दो।

"मैं इस खेल के बारे में कुछ नहीं जानता" मैंने कहा "यह फैसला तो तुम्हें और मि. बिल को करना है। आज के दिन बिल खेल में तुम्हारा साथी होगा। मैं कुछ देर को बाहर जा रहा हूं, कुछ काम है। अब तुम बिल से मेल कर लो, उससे या तो माफी मांगो या तुम्हें तुम्हारे घर छोड़ना तय है।"

मैंने अपने सामने लड़के और बिल के हाथ मिलवाए फिर मैं बिल को एक कोने में ले गया और उसे समझाया, कि मैं पास के गांव 'वोलरकोव' जा रहा हूं जो यहां से तीन मील के फासले पर है। मुझे पता करना है कि 'समिट' कस्बे में अपहरण की क्या प्रतिक्रिया हुई है। मुझे डॉरसेट को एक चिट्ठी भेजनी होगी जिसमें फिरौती की मांग और उसे कहां पहुंचाना है इसका ब्यौरा लिखा होगा।

"तुम्हें पता है सैम" बिल ने रूआंसी आवाज में कहा "मैं हमेशा बिना पलक झपकाए तुम्हारे साथ खड़ा रहा भले ही भूकंप आया हो, आग लगी हो या हम बाढ़ में फंस गए हों। जुए में, बारूद के फट पड़ने में पुलिस के छापे में ट्रेन डकैतियों में बवंडरों में मैं तुम्हारे साथ था, बिना कोई सवाल किए, जब तक कि यह उपद्रवी लड़का हमारी जिन्दगी में नहीं आ गया।"

यह मुझे उकसाता रहता है सैम, तुम मुझे उसके साथ अकेला छोड़ कर मत जाओ।

मैंने कहा "बिल, मैं दोपहर बाद वापिस आ जाऊंगा, जब तक मैं लौट नहीं आता तुम लड़के को बहलाते रहो। शान्त रखते रहो। अब हम बुढऊ डॉरसेट को चिट्ठी लिखते हैं।"

बिल और मैं कागज-पैंसिल से फिरौती की चिट्ठी तैयार करने में लग गए। तब तक रैडचीफ कंबल लपेटे गुफा के मुहाने पर इधर से उधर चक्कर काटता रहा। गुफा की रखवाली करता रहा। बिल ने रूआंसा होकर फिरौती की रकम 2000 डॉलर से 1500 डॉलर करवा दी। और यह दिलासा दी कि घाटे के 500 डॉलर मैं उसके हिस्से से काट लूं।

बिल को तसल्ली देने के लिए मैंने उसकी बात माल ली। फिर हमने फिरौती की चिट्ठी लिखी जो इस प्रकार थी।

ऐबेनेजर डोरसेट!

हमारे पास तुम्हार लड़का है जिसे तुम्हारे कस्बे 'समिट' से बहुत दूर छिपाया गया है। अगर तुमने या तुम्हारे शातिर जासूसों ने उसे ढूढ़ने की कोशिश की तो यह तुम्हारी मूर्खता ही होगी। वह तुम तक तभी पहुंच सकता है जब तुम निम्नलिखित शर्तों पर अमल करो।

1500 डॉलर की रकम जो बड़े नोटों में हो हमें दो। रकम आज आधी रात को उसी स्थान पर पहुंच जाए और उस जगह रखी हो जो हम तुम्हें बताएंगे। अगर तुम्हें मंजूर हो तो अपना जवाब लिखकर अपने एक हरकारे को आज रात साढ़े आठ बजे 'पापुलर ग्रोव' गांव की आउल क्रीक वाली सड़क पर जहां तीन बड़े पेड़ साथ-साथ खड़े हैं जो गेहूं के खेत की बाड़ के दायीं तरफ हैं। बाड़ के साथ-साथ तीसरे पेड़ के सामने उसे गत्ते का एक डिब्बा दिखाई देगा। हरकारा उसी डिब्बे में तुम्हारा उत्तर रख देगा और बिना पीछे देखे समिट वापिस चला जाएगा।

अगर तुमने कोई होशियारी दिखाई, या शर्तों की अनदेखी की तो यह निश्चत जानो कि तुम अपने लड़के रैडचीफ को कभी नहीं देख पाओगे।

अगर तुमने वह पैसा दिया जो हमारी मांग है तो तीन घंटे में तुम्हारा बेटा सुरक्षित तुम्हें मिल जाएगा।

ये शर्तें आखिरी हैं और अगर तुमने इन्हें नहीं माना तो आगे किसी तरह के संदेशों का आदान प्रदान नहीं होगा।

—दो उन्मादी व्यक्ति

पत्र लिखकर मैंने उसे जेब में रख लिया। मैं जैसे ही जाने के लिए मुड़ा लड़का मेरे पास आया और बोला—

"ओ, साँप की आँख, तुमने कहा था कि मैं ब्लैकस्काउट का खेल खेल सकता हूँ !"

मैंने कहा "मिस्टर बिल तुम्हारे साथ हैं वे खेलेंगे। और यह कैसा खेल है, जरा मैं भी तो सुनूं।"

"मैं ब्लैकस्काउट हूं" रैडचीफ बोला और मुझे किलेबन्दी तक किसी सवारी पर जाना है मुझे वहां रह रहे निवासियों को यह चेतावनी देनी है कि उनके दुश्मन रैड इन्डियन हमला करने आ रहे हैं। मैं इन्डियन बनते बनते बोर हो गया हूं, अब मैं ब्लैकस्काउट बनना चाहता हूं।

"ठीक है" मैंने कहा "यह खेल मुझे निरापद लगता है, मेरा ख्याल है मि. बिल उन हमलावरों के आक्रमण को विफल करने में तुम्हारी मदद करेंगे।"

"इस खेल में मैं क्या हूं?" बिल ने लड़के को शंकित नजरों से देख पूछा।

"तुम घोड़ा बनोगे" लड़का बोला "अपने हाथों और घुटनों के बल बैठ जाओ, मैं बिना घोड़े के किलेबन्दी तक कैसे पहुंचूंगा?"

बिल अपने घुटनों और पैरों के बल बैठ गया उसके चेहरे पर ऐसा भाव था जैसे खरगोश के चेहरे पर उस वक्त आता हो जब उसे जाल में फांस लिया गया हो।

"किलेबन्दी यहां से कितनी दूर है?" उसने दबी और फंसी आवाज में लड़के से पूछा।

"नब्बे मील"। ब्लैक स्काउट (लड़का) बोला और बिल की पीठ पर जा बैठा। बैठते ही उसने बिल के दाएं बाएं अपने पांव गड़ा दिए।

"भगवान के लिए सैम, तुम जल्दी लौटना, अच्छा होता हम फिरौती की रकम 1000 डॉलर कर देते।"

"लड़के मुझे पांव मारना बन्द कर नहीं तो मैं खड़ा हो जाऊंगा और तेरी सिकाई कर दूंगा।" बिल लड़के पर चिल्लाया।

मैं पापुलर ग्रोव गांव गया और डाकखाने और स्टोरों के चक्कर लगाने लगा। उनसे बात करने लगा, जो वहां खरीददारी करने आ रहे थे। एक मुच्छड़ ने कहा "मैंने सुना है कि 'समिट' के बड़े आदमी ऐबेनेजर डोरसेट का लड़का या तो खो गया है या उसे चुरा लिया गया है, उसके बारे में ही जानना चाहता हूं।"

मैं यह सब सुन रहा था। मैंने तम्बाकू खरीदी, मटर के दाम पूछे और डोरसेट को लिखी चिट्ठी डाक के डिब्बे में डाल दी। पोस्टमास्टर ने कहा कि डाकवाला एक घंटे में आकर 'समिट' की डाक ले जाएगा।

जब मैं गुफा में वापिस लौटा तो मुझे वहां न बिल मिला न लड़का। मैंने गुफा के आस पास उन्हें ढूंढा, एक दो बार जोर जोर से आवाजें भी दी पर कोई उत्तर नदारद।

मैंने अपना पाइप सुलगाया और बैठकर अगली घटनाओं का इन्तजार करने लगा।

आधे घंटे में मुझे झाड़ियों में कुछ हलचल दिखाई दी। अचानक बिल गुफा के सामने के खाली स्थान पर लड़खड़ाता सा आकर खड़ा हो गया। उसके पीछे रैडचीफ था जो स्काउट के सधे कदमों से चल रहा था और एक बड़ी सी मुस्कान उसके ओठों पर थी। बिल ने अपना हैट उतारा, रूमाल से अपना पसीना पूछा। लड़का बिल के लगभग 8 फीट दूर खड़ा था।

"सैम," बिल बोला "शायद तुम मुझे पाखंडी समझो, पर मैं क्या करूं, मैं एक जवान आदमी हूं और मेरा शरीर मजबूत मांसपेशियों से बना है। मैं अपनी आत्मरक्षा में भी सक्षम हूं पर एक ऐसा समय भी आता है जब आपका स्वाभिमान और खुद पर विश्वास करने की क्षमता असफल हो जाती है। लड़का अब हमारे पास नहीं है। मैंने उसे घर भेज दिया। सब कुछ मैंने खत्म कर दिया। पुराने जमाने में शहीद हुआ करते थे बिल बोलता जा रहा था। उनमें से किसी को इतनी पारलौकिक यंत्रणा नहीं दी गई जो मैंने भोगी है। मैं अपहरण की योजना से हमेशा सहमत रहा पर हर चीज की एक सीमा होती है।

मुझ पर सवारी की गई। बिल ने कहा किले के 90 मील तक मुझे चलाया गया, एक इंच भी कम नहीं। वहां पहुंच कर मुझे ज्वार के बीज खाने को दिए गए। और फिर घंटे भर तक मुझे उसे यह समझाना पड़ा कि गढ्डों में कुछ क्यों नहीं है, और सड़क दोनों तरफ क्यों चलती है, या घास हरी क्यों होती है। सैम, क्या एक मानव यह सब कुछ बर्दाश्त कर सकता है।

मैंने उसे गर्दन से पकड़ा और पहाड़ी से नीचे ले गया। रास्ते भर वह मुझे ठोकरें मारता रहा। घुटनों से नीचे उसने मेरे पावों का भुरता बनाने में कोई कसर न छोड़ी। और मेरे अंगूठे और हाथ पर लगातार काटता रहा।"

"पर मैंने उसे भगा दिया।" बिल बोलता जा रहा था। "घर भेज दिया।" मैंने उसे 'समिट' कस्बे की सड़क दिखाई और पांव की ऐसी ठोकर लगाई कि वह 8 फीट दूर जा गिरा। मुझे अफसोस है अब हमें फिरौती नहीं मिल सकेगी। पर अगर मैं उसे अपने साथ रखता तो वह पागल खाने में होता या बिल डिसकोल होता।"

बिल हांप रहा था और लम्बी लम्बी सांसे ले रहा था। पर उसके चेहरे पर अपूर्व शांति थी। किसी मुसीबत के खत्म हो जाने की आशातीत प्रसन्नता थी।

"बिल", मैंने कहा "तुम्हारे परिवार में किसी को दिल का दौरा तो नहीं पड़ा?"

"नहीं", बिल बोला "कोई दीर्घजीवी रोग नहीं बस मलेरिया और दुर्घटना जरूर हुई, पर क्यों पूछ रहे हो?"

"तो तुम पीछे मुड़ सकते हो" मैंने कहा "और अपने पीछे मुड़ कर देखो।"

बिल पीछे मुड़ा 'और उसने लड़के को देखा', जैसे कोई भूत देख लिया हो, वह अवाक् रह गया! और माथा पकड़ कर धम्म से नीचे बैठ गया। फिर पागलों की तरफ अपने बाल और जमीन की घास नोंचने लगा।

एक घंटे तक मैं उसे सम्भालता रहा कि कहीं वह पागल ही न हो जाए। मैंने उसे समझाया कि अब हमें अपनी योजना को तुरन्त ही अमल में लाना होगा। फिरौती हमें आज रात—तक मिल जाए तो हम यहां से निकल जाएंगे अगर डोरसेट हमारी मांग मान ले। इससे बिल थोड़ा आश्वस्त हुआ और लड़के को फीकी मुस्कराहट से देखा और वायदा किया कि जापानी युद्ध के खेल में वह रूसी बन जाएगा जैसे ही वह थोड़ा स्वस्थ अनुभव करेगा।

मैंने फिरौती वसूल करने की ऐसी योजना बनाई कि मैं पुलिस या और किसी से पकड़ा न जाऊं। वह पेड़ जिसके नीचे डोरसेट का जवाब आना था और बाद में रकम रखी जानी थी सड़क की बाड़ के नजदीक था। चारों तरफ बिना फसल के खेत ही खेत थे, अगर पुलिस वाले पेड़ की तरफ आते तो मुझे दिखाई पड़ जाते। और मैं भाग निकलता।

ठीक साढ़े आठ बजे मैं पेड़ के ऊपर ऐसे छुप कर बैठ गया जैसे कोई मेढ़क घास में छुप जाए। फिर मैं बैचेनी से संदेशवाहक का इन्तजार करने लगा।

ठीक समय पर एक लड़का साइकिल पर आता दिखाई दिया। उसने गत्ते का डिब्बा ढूंढा जो कि बाड़ में एक स्थान पर टंगा था और एक मुड़ा हुआ कागज डाल कर साइकिल चलाता उसी दिशा में चला गया जिस दिशा से वह आया था।

मैंने एक घंटा पेड़ पर इन्तजार किया फिर जब मुझे लगा कि रास्ता साफ है, मैं पेड़ से नीचे उतरा कागज का पुर्जा डिब्बे से निकाला और अगले आधे घंटे में गुफा में पहुंचा गया। मैंने पत्र खोला, लालटेन के नजदीक ले गया और बिल को पढ़कर सुनाने लगा।

संदेश कागज पर पैन से घसीटा गया था। उस पर लिखा था।

दो उन्मादी व्यक्ति।

सज्जनो! मुझे आज ही डाक से तुम्हार पत्र मिला। मेरे बेटे को छोड़ने के लिए तुमने जो फिरौती मांगी है, उसके बारे में मुझे लगता है कि तुमने कुछ ज्यादा ही पैसे मांगे हैं। मैं तुम्हारे सामने एक प्रति-

प्रस्ताव रखता हूं, मेरा ऐसा विश्वास है कि तुम इसे स्वीकार कर लोगे। तुम जॉनी को घर वापिस लाओगे और मुझे 250 डॉलर नकद दोगे। बदले में मैं उससे तुम्हारी जान छुड़ा दूंगा। पर सावधान, उसे रात में ही लाना। क्योंकि पड़ौसियों का ख्याल है कि उसे चुरा लिया गया है। अगर उन्होंने देखा कि कोई उसे वापिस ले आया है तो पड़ौसी तुम्हारा जो हाल करेंगे, उसकी जिम्मेदारी मेरी नहीं होगी।

अति सम्मान के साथ

ऐबेनेजर डोरसेट

"बक्कानीर, कैरेबियन समुद्री डाकू ढीठ, निर्लज्ज मेरे मुंह से निकला। मैंने बिल की तरफ देखा और हिचकिचाया। उसके चेहरे पर निविड़ शान्ति के भाव थे। जैसे किसी गूंगे या बक बक करने वाले व्यक्ति के चेहरे पर होते हैं।"

"सैम," वह बोला "250 डॉलर की क्या औकात। हमारे पास हैं न। इस उपद्रवी लड़के के साथ एक रात और रहने का मतलब है अस्पताल पहुंचना। मुझे लगता है मि. डोरसेट एक सज्जन होने के अलावा एक अतिव्ययी व्यक्ति हैं जो इतने खुले दिल से इतना अच्छा प्रस्ताव भेज रहे हैं। तुम्हें यह मौका नहीं छोड़ना चाहिए।"

"सच कहूं बिल यह छोटा मेमने सा दिखने वाला लड़का मुझे भी डराए हुए है, हम इसे घर पहुंचा देंगे। डोरसेट को पैसे देंगे और यहां से निकल जाएंगे।" मैंने उसकी हाँ में हाँ मिलाई।

"उसी रात हम लड़के को उसके घर पर ले गए। वह कहां जाने को तैयार था। हमने उसे यह झूठ लालच दिया कि उसके पिता ने उसके लिए एक चांदी की बनी राइफल के अलावा मौकासिन जूतों (रेड इन्डियन जिसे पहनते हैं) का एक जोड़ा भी खरीदा है, और हमें दूसरे दिन रीछ के शिकार के लिए जाना है।"

रात के बारह बजे होंगे जब हमने डोरसेट के घर कर दरवाजा खटखटाया। यह वही समय था जब मुझे पेड़ के पास के डिब्बे से 1500 डॉलर निकालने थे जैसा कि योजना में था। क्या विडम्बना

थी कि एन इसी समय बिल डोरसेट को देने के लिए 250 डॉलर गिन रहा था।

जब लड़के को पता चला कि हम उसे घर छोड़ने आए हैं तो वह भेड़िए की तरह गुर्राने लगा और किसी जौंक की तरह बिल के पैरों से लिपट गया। उसके पिता ने किसी तरह उसे बिल के पैरों से ऐसे छुड़ाया जैसे कोई घावों से पट्टी हटाता है।

बिल ने उसके पिता से पूछा।

"तुम कितनी देर इसे संभाल सकते हो?"

"मैं अब उतना ताकतवर नहीं रहा जितना पहले कभी था। डोरसेट बोला" फिर भी मैं तुम्हें 10 मिनट का वायदा तो कर ही सकता हूं।"

"काफी हैं," बिल ने कहा "10 मिनट में मैं दक्षिण की ओर मिडिलवेस्ट पार कर जाऊंगा।" और वह एक बार में तीन तीन छलांग लगाता कनाडियन सीमा की तरफ भाग खड़ा हुआ।

और क्योंकि अंधेरा था और बिल मोटा था और मेरी भागने की क्षमता बिल से ज्यादा थी। वह ज्यादा से ज्यादा 'समिट' गांव से डेढ़ मील की दूरी तक ही पहुंचा होगा।

मैं उसे पकड़ सकता था।

(यह कहानी ओ. हेनरी के कथा संग्रह "'व्हिरलिगिग्स' कथा संग्रह की आठवीं कहानी है। ओ. हेनरी. के समकालीन एक और कहानी लेखक 'टार किंगटन' ने उसकी कहानी लेखन की जो सर्वश्रेष्ठ 10 कहानियों की सूची बनाई थी। इस कहानी का उसमें पहला स्थान था।")

टार किंगटन की सूची इस प्रकार थी

1. रैनसम ऑफ रैडचीफ

2. दी हारबिंगर

3. दी पासिंग औफ ब्लैक ईगल

4. स्कैरिंग दी सर्किल

5. पास्ट वन एट रूनींज

6. दी हैन्ड बुक ऑफ हाइमन

7. स्ट्रिक्टली बिजनेस

8. दी क्लोरियन काल

9. जैफ पोटर्सएज ए पर्सनल मैगनेट

10. दी मोमेन्टो।

(ओ. हेनरी की अन्य कहानियों की तरह इस कहानी की कथावस्तु भी अद्भुत है। साधारणत: देखा जाता है कि अपहरणकर्ता अपहृत व्यक्ति के संबंधियों से फिरौती वसूल करने में सफल हो जाते हैं। कुछ केसों में अपहृत किसी तरह भाग निकलता है, कुछ को पुलिस छुड़ाने में सफल हो जाती है। भारत में बम्बई के एक व्यापारी का अपहरण कर बिहार ले जाया गया और 10 करोड़ की फिरौती वसूली गई।

यह कहानी जासूसी कहानी नहीं हैं जहां जासूस अन्त में अपराधी को पकड़ लेता है।

कहानी की अद्भुत कथावस्तु ही इसे संकलन में स्थान पाने का अधिकारी बना देती है।)

सर्वनाश का झटका

(Shocks of Doom)

सार्वजनिक उद्यानों का एक अभिशाप यह होता है कि उन्हें आवारा किस्म के आदमी अपना बसेरा समझ लेते हैं उनके सोने और आराम करने का वह अच्छा स्थान होता है। सोने के लिए पलंग के स्थान पर वहां बैंच होती है। वृक्षों की ठंडी हवा होती है। और फूलों की खुशबू होती है।

पर 'वेलैन्स' के लिए यह नया अनुभव था, जब वह अपनी दुनिया से बाहर फेंक दिया गया था तो सीधा मैडिसन चौराहे के इस सार्वजनिक पार्क में आकर गिरा था।

'वेलैन्स' ने अपने कोट के बटन लगाए, अपनी आखिरी सिगरेट सुलगाई और एक खाली बैंच पर जाकर बैठ गया। तीन मिनट तक वह हल्का सा पछताता रहा। उसके 1000 डॉलर में से जो 100 डॉलर बचे थे वे उस नामुराद ट्रैफिक इन्सपैक्टर ने झटक लिए थे।,

उससे जुर्माने के रूप में वसूल कर लिए थे। और अब वह ठन ठन गोपाल होकर रह गया था। उसने अपनी हर जेब टटोली पर किसी भी जेब से एक फूटी कौड़ी तक न निकली।

उसी सुबह किराया न देने के कारण उसे अपना कमरा खाली करना पड़ा था। उसका फर्नीचर कुछ देनदारियों को चुकाने में बिक गया था। उसके कपड़े सिवाय उनके जो उसने पहन रखे थे उस नौकर को चले गए थे जिसे वह उसकी सेवाओं की फीस नहीं चुका पाया था।

पूरे शहर में उसके लिए न कोई बिस्तर बिछा था, न कहीं आने जाने के पैसे थे उसके पास, न कोई खाने पीने का साधन था। झूठ बोल कर अपने मित्रों से पैसे झटक लेने का विचार उसने अपने मन से पहले ही निकाल दिया था।

इसलिए वह इस पार्क में आ बैठा था। उसके अमीर चाचा ने उसके जेब खर्च को रोक दिया था।

क्यों रोक दिया था?

उसका चाचा चाहता था कि वह उसके (चाचा) पसन्द की लड़की से शादी कर ले। वेलैन्स ने उसकी यह बात नहीं मानी थी।

जेब खर्च की समाप्ति पर वेलैन्स के साथ जो घटनाएं घटीं ऊपर की पंक्तियों में उनका जिक्र हम कर आए हैं।

चाचा का एक और भतीजा था जो परिवार की दूसरी शाखा से था, जो कभी चाचा की सम्पत्ति का वारिस समझा जाता था, और चाचा का चहेता भी था, पर वह बहुत पहले कहीं गायब हो गया था और अब उसे ढूंढने की कोशिश की जा रही थी ताकि उसे फिर जीवन में स्थापित किया जा सके। इस तरह वेलैन्स की स्थित उस शैतान जैसी हो गई थी जिसे लैटिन दन्त कथाओं में भूतों से भरे गढ़े में गहरे से गहरे फेंक दिया गया हो।

सख्त बैंच पर वह वहां बैठे हुए सिगरेट के धुएं को पेड़ों की सबसे निचली शाखा पर उड़ाने का असफल प्रयास करने लगा।

अचानक ही जीवन से जुड़े सभी सम्बन्धों का टूट जाना उसे एक अनजानी स्वतंत्रता और प्रसन्नता भी दे रहा था। वह ऐसा महसूस कर रहा था जैसे कोई पैराशूटधारी अपने पैराशूट की रस्सियां काट दे, पैराशूट को हवा में तैरने दे और खुद नीचे और नीचे गिरता चला जाए।

लगभग 10 बजे का समय रहा होगा। पार्क में ज्यादा आदमी नहीं थे। तभी फुव्वारे के पास की बैंच से एक व्यक्ति उठा और वेलैन्स की बैंच पर उसके पास आकर बैठ गया। वह न जवान लग रहा था न अधेड़। सस्ती सरायों में रहने के लक्षण उसके चेहरे पर साफ दिखाई दे रहे थे। रेजर और कंघी से जैसे उसका मतलब ही न रहा हो, और शराब की बोतल ने जैसे उसके शरीर को ही अपना पक्का निवास बना लिया हो। उसने वेलैन्स से माचिस मांगी, जो बैंच पर बैठने वालों का परिचय करने का जाना माना तरीका था।

फिर वह वेलेन्स से बातें करने लगा। "तुम यहां रोज नहीं आते, लगता है नए आए हो" उसने बेलैन्स से पूछा। "मैं उन लोगों को दूर से पहचान लेता हूं जो दर्जी से सिले वस्त्र पहनते हैं। शायद तुम पार्क के पास से गुजरते हुए कुछ देर के लिए सुस्ताने के लिए रूक गए हो। मुझे उम्मीद है तुम बुरा नहीं मानोगे अगर मैं थोड़ी देर तुमसे बात कर लूं।

मुझे किसी से तो बात करनी ही है, मुझे डर है, मुझे डर है।, मैंने उन बैंचों पर बैठे दो तीनों से इसके बारे में कहना चाहा पर वे तो मुझे सिरफिरा समझने लगे। पर मैं तुमसे कह रहा हूं मुझे दो ब्रैड-पीस और एक सेब आज जरूर ही खाना है। क्योंकि कल मुझे उस लाइन में खड़ा होना है जो मुझे 30 लाख डॉलर का स्वामी बना देगी।

तुम सामने वह महंगा रेस्त्रां देख रहे हो जिसके आस पास कारें खड़ी हैं, वहां खाना खाना मेरे लिए मामूली बात होगी। विश्वास नहीं हुआ न?

तुम हममें से तो नहीं लगते, खैर ऐसा अकसर होता है, कुछ वर्षों पहले में भी ऐसा ही था, तुम इस हालत में कैसे पहुंचे?"

“मेरी नौकरी चली गई” वेलैन्स ने उत्तर दिया।

“यह शहर ऐसा ही है एक दिन तुम चीनी मिट्टी के बर्तनों में खाना खा रहे हो। और दूसरे दिन आप चीन में जाकर खाना खाने की हैसियत में आ जाते हो। मैंने अपनी बदकिस्मती को अपने हिस्से से ज्यादा झेल लिया है। पिछले पांच साल से मैं भिखारी से थोड़ा ही ऊपर रहा हूंगा।

मेरा पालन पोषण कुछ इस तरह हुआ कि खर्च करने के लिए मेरे पास काफी पैसे होते थे। और काम करने को मुझसे कोई नहीं कहता था। मुझे यह सब कुछ कहते कुछ बुरा नहीं लग रहा। आखिर किसी को तो मुझे यह बात बतानी ही है। क्योंकि मुझे डर है, मुझे डर है। मेरा नाम ईडी है तुम शायद रिवरसाइड रहने वाले करोड़पति पाल्डिंग को नहीं जानते। मैं कभी उसके भव्य मैंशन (महल) में रहता था और जितने पैसे चाहिए मुझे मिल जाते थे, क्या तुम्हारे पास मेरे लिए दो शराब के पैग खरीदने के पैसे हैं? और तुम्हारा नाम क्या है...?”

“डॉसन” वेलैन्स बोला “तुम्हें दो पैग खरीदने के लिए मेरे पास पैसे नहीं है, मेरी जेब बिल्कुल खाली है।”

“ओह”, इडी बोला “मैं एक हफ्ते में डिवीजन डिस्ट्रिक में एक कोयले के गोदाम की कोठरी में रह रहा हूं और वो भी एक अपराधी के साथ, जिसका नाम बिल्की मौरिस है। मेरे पास फूटी कौड़ी भी नहीं है। कहीं जाने के लिए कोई स्थान नहीं है। मैं जब बाहर था तो एक आदमी कुछ कागज जेब में लिए मुझे ढूंढता हुआ वहां पहुंचा और मेरे बारे में पूछा, मुझे पता नहीं पर वह एक पुलिस वाला था, डर के मारे मैं कोठरी के नजदीक तब तक नहीं फटका जब तक कि रात नहीं हो गई।

उसने मेरे लिए एक चिट्ठी छोड़ी डॉसन! जो एक बड़े वकील ‘मीड’की तरफ से थी। मेरा चाचा पाल्डिंग मुझे वापिस बुला रहा है। भले ही मैं उसका पैसा फिजूलखर्ची में उड़ा दूं। वह फिर मुझे अपना वारिस बनाना चाहता है।

मुझे कल दस बजे वकील के दफ्तर में पहुंचना है। अब फिर मैं अपनी पांच साल पहले वाली स्थिति में पहुंच जाऊंगा। मुझे अपने चाचा की सम्पत्ति का वारिस बनना है और 10,000 डॉलर प्रति वर्ष का जेब खर्च दुबारा हासिल करना है। आह, मुझे डर है, मुझे डर है।"

तभी वह आवारा उछल कर खड़ा हो गया, अपने दोनों हाथ ऊपर उठा लिए और जोर-जोर से फूट-फूट कर रोने लगा।

वेलैन्स ने उसका हाथ पकड़ा और खींच कर वापिस बैंच पर बिठा दिया।

"चुप रहो" उसकी हरकत से बौखलाए वेलैन्स ने उसे डांटा। "कोई सोचेगा तुमने कोई ख़जाना खो दिया है बजाय इसके कि वह तुम्हें मिले। और तुम "यह मुझे डर है, मुझे डर है" क्या भजते रहते हो। किससे डर है तुम्हें।"

ईडी ने एक जोर की झुरझुरी ली और वेलैन्स की बांह पकड़ ली। ब्राडवे की हल्की रोशनी में भी वेलैन्स ने ईडी के चेहरे पर पसीने की बूंदें देखी। जो किसी अनजान डर से निकल आई थीं।

"मुझे डर है कि सुबह होने से पहले ही मुझे कुछ हो जाएगा। क्या हो जाएगा मुझे नहीं मालूम! कोई ऐसी चीज है जो मुझे वह रकम पाने से रोकना चाहती है। मुझे डर है कि कोई पेड़ टूट कर मेरे ऊपर गिर पड़ेगा। मैं किसी टैक्सी के नीचे आ जाऊंगा या पत्थर का कोई बड़ा सा टुकड़ा किसी मकान की सबसे ऊपरी मंजिल से टूट कर मेरे सिर पर आ गिरेगा।

मैं पहले इतना नहीं डरता था। मैं पहले भी इस पार्क में अकेला बैठा हूं सैकड़ो रातों तक शान्त, मौन बिना इस बात की परवाह किए कि मेरा अगला खाना कहां से आएगा।

पर अब फर्क पड़ गया है। मैं पैसे से प्यार करता हूं डॉसन। मैं किसी देवता की तरह खुश होता हूं जब यह मेरी उंगलियों से धीरे-धीरे टपकता है और लोग मेरे सामने झुकते हैं खड़े होते हैं, और चारों तरफ एक मधुर संगीत बज रहा होता है। साथ ही सुन्दर वस्त्र और महकते फूल सब ओर दिखाई पड़ने लगते हैं। जहां तक मुझे पता है

अगर मैं खेल से बाहर हूं तो भी मैं बुरा नहीं मानता। भले ही मैं यहां भूखा और चिथड़ों में बैठा हूं और फुव्वारे की धार को नीचे ऊपर गिरते उठते देख रहा हूं। उन गाड़ियों को इधर से उधर भागते देख रहा हूं।

खज़ाना फिर मेरे हाथों में आने को है मेरी पहुंच में है पर सुबह तक का इन्तजार मुझसे हो नहीं पा रहा है। पचासों ऐसी चीजें हैं जो मेरे साथ हो सकती हैं। ईडी कुछ पल रुका और फिर शुरू हो गया "मैं अन्धा हो सकता हूं मुझे दिल का दौरा पड़ सकता है। यह दुनिया ही खत्म हो सकती है। जब तक कि...।"

एक चीख के साथ ईडी फिर उठ खड़ा हुआ। लोग बाग अपनी बैंचों से उठ उठ कर देखने लगे। वेलैन्स ने फिर उसका हाथ पकड़ कर खींचा और बैंच पर बिठा दिया।

"चलो, जरा घूमते हैं" उसने कहा "अपने आपको संयत रखो, इतना उत्तेजित होने या चीखने चिल्लाने की कोई जरूरत नहीं है। तुम्हें कुछ नहीं होने वाला। जैसी और रातें गुजरीं हैं यह भी गुजर जाएगी।"

"ठीक है," ईडी बोला "हम थोड़ी देर घूमते हैं। मेरे साथ ही रहना डॉसन। मैं इतना कभी नहीं टूटा। भले ही मुझ पर मुसीबतों का पहाड़ टूट पड़ा हो। मुझे लगता है मेरा सारा साहस इस अभावग्रस्त जिन्दगी ने छीन लिया है।"

वेलैन्स अपने पार्क के साथी को लेकर सुनसान 'फिफ्थ ऐवेन्यू' ले गया और दोनों वहां से वेस्ट वार्ड होते हुए 'ब्राडवे' तक पहुंचे।

फिर वेलैन्स एक परिचित रेस्त्रां में घुस गया। और बार की तरफ बढ़ गया। जैसा कि वह कल तक किया करता था। उसने बारटेन्डर से कहा।

"एक गरीब शैतान, बाहर खड़ा है, वह कहता है कि वह भूखा है, उसकी शक्ल से ऐसा लगता है कि वह सच बोल रहा है। तुम्हें पता है कि अगर उन्हें पैसा दिया जाए तो वे क्या करते हैं। एक दो सैन्डविच बांध दो मैं उसे इन्हें फेंकने नहीं दूंगा।"

"जरूर, मिस्टर वेलैन्स" बारटेन्डर बोला "वे सारे तो दिखावा नहीं कर रहे होते हैं, मुझे यह अच्छा नहीं लगता कि कोई भूखा सोए।"

उसने एक नेपकिन में मुफ्त का खाना बांध दिया।

वेलैन्स पैकिट लेकर अपने पार्क के साथी के पास आ गया।

ईडी खाने पर न जाने कब से भूखे की तरह टूट पड़ा। "मैंने मुफ्त का इतना स्वादिष्ट खाना एक साल से नहीं खाया।" वह बोला "क्या तुम नहीं खाओगे मिस्टर डॉसन।"

"मुझे भूख नहीं है शुक्रिया," वेलैन्स बोला।

"अब हम वापिस चौराहे पर जाएंगे" इडी बोला "वहां पुलिस वाले हमें परेशान नहीं करेंगे। मैं बचा हुआ हैमबर्गर नाश्ते के लिए रख लेता हूं। अब मुझसे यह खाया नहीं जा रहा। मुझे डर है कि मैं बीमार न पड़ जाऊं। सोचो जरा, कहीं मैं पेट की ऐठन से ही न मर जाऊं। और वह पैसा मुझे मिल ही न पाए जिसके लिए उस वकील ने मुझे बुलाया है। उससे मिलने में अभी 11 घंटे बाकी हैं।

मुझे छोड़ कर मत जाना डॉसन, नहीं जाओगे न। मुझे डर है कि कहीं कुछ हो न जाए। तुम्हारे पास भी तो जाने के लिए कोई जगह नहीं है।"

"नहीं है," वेलैन्स बोला "आज की रात तो बिल्कुल नहीं आज मैं बैंच पर तुम्हारे साथ ही हूं।"

"मैं समझ सकता हूं" ईडी बोला "कि अगर कोई एक दिन में अपनी नौकरी खो दे तो अपने बाल नोंचने लगे।"

"मैं सोचता हूं, जैसा कि मैंने पहले भी कहा" "वेलैन्स बोला किसी व्यक्ति को अगर दूसरे दिन खज़ाना मिलना हो तो उसे खुश, शान्त और सहज होना चाहिए।"

"यह कितनी अजीब चीज है।" ईडी दार्शनिक बनता हुआ बोला "लोग अलग-अलग तरीके से वस्तुओं को लेते हैं। यह रही तुम्हारी

बैंच डॉसन, ठीक मेरी बगल में। यहां तुम्हारी आंखों में रोशनी की कौंध नहीं पड़ेगी।"

"जब मैं चाचा के घर पहुचूंगा तो उनसे तुम्हारी नौकरी के लिए सिफारिशी चिट्ठी लिखवा लूंगा। तुमने आज मेरी काफी मदद की है। मुझे लगता है कि अगर तुम न मिलते तो आज की रात मुझ पर बहुत भारी गुज़रती।"

"शुक्रिया," वेलैन्स बोला "तुम लेटोगे या यूं ही बैठकर नींद पूरी करोगे।"

घंटों वेलैन्स पेड़ों के बीच की खाली जगह से तारों को घंटों निहारता रहा। उसका दिमाग सक्रिय था, पर उसकी भावनाएं सुप्त थीं। सारे आवेग मिट गए थे। उसे न कोई पछतावा था, न कोई डर था, न कोई दर्द था और न कोई बेचैनी थी। यहां तक कि जब वह लड़की के बारे में सोचता तो ऐसा लगता कि जैसे वह उन सितारों का निवासी है जिन्हें वह देख रहा है। उसे अपने पार्क के साथी के मूर्खतापूर्ण व्यवहार पर भी हंसी आ रही थी। पर उसके मन में हास्य का कोई भाव नहीं था।

शीघ्र ही उसे लकड़ी की सख्त बैंच पर नींद आ गई।

दूसरे दिन 10 बजे दोनों वकील 'मीड' के ऐने स्ट्रीट स्थित दफ्तर के दरवाजे पर खड़े थे।

ईडी वकील से मिलने का समय नजदीक आते ही कांपने लगा।

वेलैन्स यह निर्णय नहीं कर पा रहा था कि वह ईडी को वकील का सामना होने के संभावित खतरे का शिकार बनने के लिए अकेला छोड़े या न छोड़े।

जब उनका वकील 'मीड' से सामना हुआ तो उन दोनों का साथ देख वकील हैरान हुआ। वेलैन्स और 'मीड' पुराने परिचित थे। अभिवादन की औपचारिकता के बाद वकील 'ईडी' की तरफ मुड़ा। जिसके हाथ पांव आने वाली परिस्थिति की कल्पना से ही कांपने लगे थे।

"मैंने पिछली रात तुम्हारे पते पर दूसरा पत्र भेजा था" वकील ईडी से बोला, "पर आज सुबह ही मुझे पता चला कि तुम वहां पत्र प्राप्त करने के लिए मौजूद नहीं थे। उसमें यह सूचना थी कि मिस्टर पाल्डिंग ने तुम्हें घर वापिस बुलाने के फैसले पर दुबारा गौर किया और फैसला किया कि ऐसा करना ठीक नहीं था। तुम्हें घर वापिस बुलाना एक गलती थी। एक चूक थी। इसलिए तुम्हारे और तुम्हारे चाचा के वर्तमान सम्बन्धों में कोई बदलाव नहीं आया है।"

ईडी का कांपना अचानक रूक गया, चेहरे का रंग वापिस आ गया। उसने अपनी कमर सीधी की और जबड़ा आधा इंच बाहर निकाल दांत भीचते हुए अपना हैट पीछे सरकाया और दूसरे हाथ से उंगलियां वकील की तरफ तान दीं।

उसने एक लम्बी सांस ली और पागलों की तरह हंसा।

"उस बुढऊ पाल्डिंग से कह देना कि वह भाड़ में जाए" यह बात उसने स्पष्ट और ऊंची आवाज में कही और तेज कदमों से वकील के दफ्तर से बाहर निकल गया।

अब वकील 'मीड' वेलैन्स की तरफ घूमा और मुस्कराया "मैं खुश हूं कि तुम आ गए" वह नरमी से बोला "तुम्हारे चाचा ने तुम्हें तुरन्त घर बुलाया है। उन्होंने तुम्हारे बारे में जो फैसला किया था वह जल्दबाजी में किया था और अब सब कुछ पहले...ओ आडम" वकील अपने वाक्य को अधूरा छोड़ चिल्लाया।

"पानी का गिलास तुरन्त लाओ" मिस्टर वेलैन्स बेहोश हो गए हैं।

(यह कहानी उसके कथा संग्रह 'दी वॉयस ऑफ सिटी की ग्यारहवीं' कहानी है। ओ. हेनरी की यह कहानी एक ऐसी घटना का वर्णन करती है कि अगर वह घटना आपके साथ घटे तो आप चाहेंगे कि आपका भी वैसा ही अन्त हो जैसा इस कहानी के नायक के साथ होता है, यह कहानी 'रेग टू रिचेज' का खूबसूरत उदाहरण है। कहानी

में मोड़ लाने के लिए ओ. हेनरी ने एक प्रतिनायक की भी रचना कर डाली है। नायक और प्रतिनायक के बीच की घटनाएं ही इस कहानी की कथावस्तु हैं। नायक को सहृदय दिखाकर ओ. हेनरी उसे नायक बनाने में सफल रहा है।

इस संग्रह में यह कहानी इसीलिए स्थान बनाने की हकदार है)

सूखी डबल रोटी

('Witches' Loaves)

मिस मारथा मिचेम की बेकरी सड़क के पार के मकानों में एक कोने पर स्थित थी, जहां तीन सीढ़ियां चढ़ कर आप बेकरी का दरवाजा खोलेंगे। दरवाजे में लगी घंटियां बज उठेगी और घंटियों की आवाज सुनते ही मिस मारथा काउंटर पर होंगीं। आपको आपका मनपसंद बेकरी का सामान देने के लिए।

मिस मारथा 40 वर्षीया सुघढ़ महिला थीं और उनके बैंक खाते में 2000 डॉलर जमा थे। उनके दो दांत नकली थे पर उनका मन बड़ा कोमल था। बहुत से लोगों ने उनमें रूचि दिखाई होगी। पर उन्होंने कभी परवाह नहीं की।

वे अपनी व्यस्तताओं और बेकरी से खुश थीं, मुदित थीं, संतुष्ट थीं।

हफ्ते में दो या तीन बार एक ग्राहक उनसे डबल रोटी खरीदने आता था। मिस मारथा की दिलचस्पी उसमें होने लगी थी। वह एक अधेड़ उम्र का व्यक्ति था, नजर का चश्मा लगाता था और उसके एक आकर्षक दाढ़ी थी जो उसके चेहरे पर खूब फबती थी।

वह अंग्रेजी बोलता तो था पर उसमें जर्मन भाषा का बहुत ज्यादा पुट होता था। उसके कपड़े घिसे हुए थे और उन पर जगह-जगह रफू के निशान साफ दिखते थे, लगता था जैसे उन पर कई दिनों से प्रैस नहीं की गई थी, पर कपड़े साफ और व्यक्ति बड़े अच्छे आचार व्यवहार का जान पड़ता था।

वह हमेशा ही दो बासी ब्रैड खरीदता था। बासी डबल रोटी मिस मारथा आधे दामों में देती थी। ताजी ब्रैड अगर 5 सैन्ट की होती तो बासी ब्रैड आपको 2½ सैंट में ही मिल जाती थी। उस ग्राहक ने कभी बासी डबल रोटी के और कुछ नहीं खरीदा। बेकरी में बिस्कुट, केक, क्रीम रोल, पाव तथा और भी अन्य चीजें होती थीं, पर वह ग्राहक सिर्फ बासी ब्रैड ही खरीदता था।

मिस मारथा को यह बात कचोटती रहती थी कि बिना मक्खन के वह बेचारा इन डबल रोटियों को कैसे खाता होगा।

एक दिन मारथा ने उसकी उंगलियों पर लाल और कत्थई रंग के निशान देखे, इससे उसने यह अन्दाज लगाया कि वह व्यक्ति निश्चय ही कोई गरीब संघर्षशील चित्रकार है। छत पर टीन डाल कर बनाए बरसाती टाइप कमरे में रहता होगा। और बासी रोटी खाते हुए उसे कामना होती होगी कि वह मारथा की बेकरी के अन्य व्यंजनों का भी स्वाद ले।

कभी-कभी मिस मारथा जब क्रीमरोल, बिस्कुट, कुरकुरे, और अन्य स्वादिष्ट व्यंजन बना रही होती थी तो सोचती थी कि वह सज्जन चित्रकार बजाए इसके कि अपनी टीन के कमरे में बैठा बासी सूखी ब्रैड गले से नीचे उतार रहा हो इन चीजों को भी चखे।

मिस मारथा मिचेम का हृदय जैसा कि हम ऊपर कह आए है बड़ा कोमल था।

वह एक चित्रकार था इस बात को आज़माने के लिए कमरे की दीवार से उतार कर मारथा ने एक पेन्टिग काउन्टर के पीछे की शेल्फ पर रख दी। पेन्टिग मारथा ने एक सेल में खरीदी थी।

पेन्टिग में इटली के वेनिस शहर का चित्रण था। एक शानदार संगमरमर की निर्मिति चित्र के अग्रभाग में थी। या यह कह लो कि जहां से वेनिस में समुद्र शुरू होता है। बाकी के चित्र में गोन्डोला में बैठी एक स्त्री पानी में हाथ डालकर हठखेलियां कर रही थी। चित्र में बादल, सहायक भवन, रास्ते न जाने क्या-क्या था।

दो दिन बाद वही ग्राहक बेकरी में आया और हमेशा की तरह उसने वही शब्द दुहराए

"दो बासी डबलरोटी, प्लीज।"

जब मारथा डबल रोटियां कागज में लपेट रही थी तो ग्राहक बोला

"तुम्हारे पास यह बढ़िया चित्र कहां से आया?" 'चित्र' अपनी चतुराई को छुपाती मारथा बोली "मैं भी चित्रकला की शौकीन हूं।" (उसने अपने आप को रोका, सोचा इतनी जल्दी अपना चित्रकला ज्ञान नहीं बघारना चाहिए)

"आपको क्या लगता है यह चित्र अच्छा है।"

"इस चित्र का रेखांकन इतना अच्छा नहीं है, इसका दृश्य-रूप सटीक नहीं है, गुड मार्निंग मैडम" कहता ग्राहक मारथा से अपनी बासी ब्रैड का पैकिट ले उससे अभिवादन कर चला गया।

"ठीक, वह आर्टिस्ट ही है" मारथा ने मन में कहा और तस्वीर को वापिस कमरे में टांग आई। वह सोचने लगी उसकी चश्मे से झांकती आंखें कितनी भोली हैं। उसकी भवें कितनी सुघड़ हैं। दृश्य-रूप के बारे में उसने कितनी सटीक टिप्पणी की। और वह भी देखते ही। ऐसा प्रतिभाशाली व्यक्ति बासी ब्रैड पर गुज़ारा कर रहा है,

जीनियस ऐसे ही होते हैं, जब तक उन्हें पहचाना नहीं जाता वे संघर्षमय जीवन जीने को अभिशप्त हैं।

क्या ही अच्छा हो कि कला और दृश्य-रूप के जानकार इस व्यक्ति के पीछे 2000 डॉलर हों, एक बेकरी हो और एक सहृदय नारी का मन हो, मारथा ने कल्पना की।

मारथा, जाग्रत अवस्था में ही एक मीठा सपना देख रही थी।

कभी-कभी वह आता तो शो केस के पार से इधर-उधर की बातें भी कर लेता, और उम्मीद करता कि मारथा भी उससे हंसते-हंसते बात करे।

वह बासी रोटी खरीदता रहा, उसने न कभी केक खरीदा, न क्रीम रोल, न पाई न ही उसने कभी बेकरी का सबसे स्वादिष्ट व्यंजन "सैली नुन्स" खरीदा।

एक दिन मारथा ने देखा कि वह विशेष ग्राहक पतला और उदास होता जा रहा है। वह चाहती थी इस बासी डबलरोटी के अलावा उसे कुछ पौष्टिक, स्वादिष्ट और अच्छा खाना मिले।

वह उसे खिलाना चाहती थी। पर ऐसा करने का साहस वह जुटा नहीं पा रही थी। वे कलाकारों के उस अहं से परिचित थी जिसके लिए वे पूरी दुनिया में जाने जाते हैं।

मिस मारथा अब जब काउन्टर के पीछे बैठती तो लकदक नीली छींट वाली रेशम की बास्केट पहने होती।

अन्दर कमरे में मारथा ने एक रहस्यमय पदार्थ बनाया जो शरीफे के बीज और सुहागे को कूट कर बनाई लुगदी थी। इसे हर स्त्री अपना रंग साफ करने के लिए प्रयोग में लाती थी।

एक दिन हमेशा की तरह मारथा का विशेष ग्राहक आया। निकल का सिक्का काउन्टर पर रखा और बासी डबलरोटी निकाल ही रही थी कि बेकरी से बाहर शोर शराबा होने लगा। और एक फायर ब्रिगेड की गाड़ी सामने से गुजरी।

ग्राहक औरों की तरह, क्या हुआ देखने बेकरी से बाहर को लपका। मारथा ने इसे सुनहरा मौका समझा। काउन्टर के नीचे एक

पौन्ड मक्खन रखा था जिसे ग्वाला दस मिनट पहले ही देकर गया था।

डबल रोटी पर मक्खन लगाने वाले चाकू से मारथा ने ढेर सारा मक्खन ग्राहक की बासी डबल रोटियों पर लगा दिया और उन्हें दबा दिया ताकि वे चिपक जाएं।

जब ग्राहक वापिस लौटा तो मारथा ब्रैड को कागज में लपेट कर उसका बंडल बना रही थी।

जब वह चला गया तो मारथा प्रसन्न थी और मुस्करा रही थी, उसके सीने में रह रह कर उसका दिल धड़क रहा था। एक मीठा सपना जैसे उसकी जागी आंखों से गुज़र गया, तैर गया और उसे बैचेन कर गया।

क्या वह ज्यादा साहसी तो नहीं निकली? कहीं उसे बुरा लगा तो? पर क्यों बुरा लगेगा उसे? मैंने तो उसे कुछ कहा भी नहीं, और खाद्य-पदार्थों की कोई भाषा होती नहीं। मक्खन उसकी इस अनुचित साहसिकता की निशानी तो था नहीं।

काफी देर तक उसका दिमाग इस विषय पर सोचता रहा। वे उस दृश्य की कल्पना करने लगीं जब वह मक्खन लगी ब्रैड खा रहा होगा।

उसने अपनी प्लेट अलग रख दी होगी। ब्रुश गिलास में टिका दिए होंगे। वहां एक ईजल होगा जिस पर कैनवास रखा होगा और उस पर बनी तस्वीर में दृश्य-रूप की कोई गल्ती नहीं होगी जिसकी आलोचना की जा सके।

अब उसने बासी रोटी और पानी का जग अपने पास रख लिया होगा और रोटी को काट रहा होगा।

मिस मारथा के चेहरे पर लाली दौड़ गई। क्या वह समझ पाएगा कि बासी रोटी पर मक्खन किसने लगाया होगा? क्या वह...

तभी दरवाजे की घंटी जोर-जोर से बजने लगी जैसे कोई बहुत गुस्से से उसे बजा रहा हो।

मिस मारथा दरवाजे की ओर लपकीं। चौखट पर दो आदमी खड़े थे। एक तो जवान आदमी था जो सिगार पी रहा था, मारथा ने उसे

पहले कभी नहीं देखा था। दूसरा वही उसका चित्रकार ग्राहक था। उसका चेहरा गुस्से से लाल हो रहा था उसका हैट सिर के पीछे सरक आया था। उसके बाल उलझे हुए थे। जैसे उसने खुद ही नोंचे हों। उसकी दोनों मुट्ठियां भिंची हुईं थीं, और वह अत्यन्त गुस्से से उन्हें मारथा की तरफ तान रहा था।

क्या माजरा था?

उफ्फकोफ (बेवकूफ) वह ऊंची आवाज में चिल्लाया। और जर्मन भाषा में कुछ बोला जिसे मारथा समझ नहीं पाई। उसके साथ आया जवान व्यक्ति उसे शान्त करने की कोशिश कर रहा था।

"मैं तब तक नहीं जाऊंगा जब तक कि मैं इसे यह न बता दूं कि इसने क्या किया है।"

वह जोर-जोर से बेकरी के काउन्टर पर मुट्ठियां मारने लगा।

"तुमने मेरा बहुत नुकसान कर दिया" वह चिल्लाया। उसकी आंखें उसके चश्मे के पीछे से जैसे आग उगल रही थी। 'मैं तुम्हें बताता हूं बूढ़ी बिल्ली।"

मिस मारथा दराजों के पीछे निढाल सी खिसक गईं। और अपनी रेशमी बास्केट के ऊपर सीने पर हाथ रख लिया। उनका मुंह खुला का खुला रह गया।

उधर दूसरे आदमी ने ग्राहक का कॉलर पकड़ कर उसे पीछे करना चाहा।

"चलो" तुमने उसे काफी डांट दिया, काफी कुछ कह दिया। वह चश्माधारी ग्राहक को बेकरी से परे ले गया और वापिस बेकरी में लौट आया।

मिस मारथा हतप्रभ, काउन्टर के पीछे खड़ीं थीं। "मैडम तुम्हें यह पता चलना ही चाहिए कि यह सारा हंगामा क्या है। वह ब्लमबर्जर है, वह एक वास्तुशास्त्रीय नक्शानवीस है। ड्राफ्टमैन पहले अपना नक्शा पेंसिल से बनाते हैं फिर रेखाओं पर काली स्याही से लाइनें खींचते हैं। उसके बाद पेन्सिल की रेखाओं को बासी डबल रोटी से मिटा दिया जाता है, काली रेखाएं नक्शे पर रह जातीं हैं। बासी

डबल रोटी इन्डियन रबर से ज्यादा अच्छी तरह पेन्सिल की लाइनें मिटा देती है। ब्लमबर्जर आपके यहां से बासी ब्रैड इसीलिए ले जाता था। आज आपने उसे मक्खन लगी ब्रैड दे दी। जैसे ही ब्रैड से अपने नक्शे की पेन्सिल की लाइनें मिटानी चाही, उसका नक्शा बिल्कुल खराब हो गया। इसीलिए वह इतना गुस्सा हो रहा है।"

मारथा अन्दर कमरे में भाग गई उसने रेशम की बास्केट उतार फेंकी और वही पुरानी कत्थई रंग की स्कर्ट पहन ली, फिर त्वचा को चमकाने वाली लुगदी बाहर कूड़े दान में फेंक दी।

(यह कहानी ओ. हेनरी के कथा संग्रह 'सिक्सेस और सेवन्स' से ली गई है। उसकी कहानियों के अन्त अद्भुत होते थे वह अपनी कहानियों के अंत देने में इतना निष्णात था कि हम उसे कथाओं के क्लाइमैक्स का सम्राट कह सकते हैं। अन्त जान लेने पर आप हतप्रभ हो जाते हैं क्या ऐसा भी हो सकता है। 'गिफ्ट ऑफ मागी' इसका अद्भुत उदाहरण है। 'विचेज लोव्स' में आप संवेदना और किसी के प्रति कोमल भावनाएं रखने का शास्त्रीय उदाहरण देखते हैं पर कई बार जब आप किसी की मदद करना चाहते हैं तो संभव है उसका अहित हो जाए। यह कहानी इसी को दर्शाती है। ओ. हेनरी ने किसी विशेषज्ञ की तरह कहानी को हैंडिल किया है।

इसी कारण से इसे संकलन में सम्मिलित किया गया।)

हरकारा

(By Courier)

न ही ऋतु थी न ही मौसम में परिवर्तन था फिर भी पार्क में लोगों की आवाजाही थी।

एक युवती उस बेंच पर बैठी थी जो पार्क में पैदल पथ से सटी थी। वह अचानक ही अपने मन की पुकार पर वहां बसन्त से पूर्व की हरियाली देखने आ बैठी थी। वह उदास और मौन थी।

उसकी उदासी लगता था तत्कालीन थी, क्योंकि अभी उदासी उसके कपोलों की लाली नहीं छीन पाई थी, न ही उसके ओठों की रंगत पर कोई अन्तर ही आया था।

एक लम्बा नौजवान पार्क के उस पैदल पथ से गुज़रा जहां पथ से सटी बैंच पर युवती बैठी थी।

नौजवान के पीछे-पीछे उसका सूटकेस लिए एक लड़का चला आ रहा था। लड़की को देखकर युवक के चेहरे पर एक रौनक आई पर दूसरे ही क्षण उसका चेहरा निराशा से पीला पड़ गया। वह जैसे-जैसे युवती के निकट आता गया उसकी व्याकुलता बढ़ती गई, फिर भी उसने लड़की की तरफ आशा से देखा। वह जब युवती के निकट से गुज़रा उसे लगा कि युवती को उसकी जरा सी भी परवाह नहीं है। युवती ने तो उसे नजर उठा कर देखा तक नहीं।

करीब पचास गज आगे जाकर वह रुका और पास की बैंच पर जाकर बैठ गया। लड़के ने सूटकेस बैंच के पायों से टिका दिया और घूर कर युवक को देखा।

नौजवान ने अपना रूमाल निकाला और अपना माथा पोंछा। यह एक सुन्दर रुमाल था, सुन्दर माथा था और नौजवान सजीला था।

उसने लड़के से कहा

"जाओ, बैंच पर बैठी उस युवती को मेरा संदेश ले जाओ। उससे कहो कि मैं रेलवेस्टेशन जा रहा हूं ताकि सैन फ्रेन्सिसको से बाहर अलास्का में बारहसिंगों का शिकार करने वाली टोली में शामिल हो सकूं। उससे यह भी कहना कि जब से उसने मुझसे बात न करने की और पत्र न लिखने की ठानी है, मैं उसके मन के न्यायालय में यह अंतिम अपील (प्रार्थना) कर रहा हूं। उससे न्याय की आशा करता हूं। उससे कहो कि जिस तरह वह मुझे ठुकरा रही है उसका मैं अधिकारी नहीं हूं।

मेरी तरफ इतनी लापरवाही की उसे वजह बतानी होगी हालांकि यह उसकी प्रकृति के विरूद्ध है, यह मैं जानता हूं।

किसी सीमा तक मैंने उसकी निषेधाज्ञा की अवहेलना की है, इस आशा में कि शायद उसमें मेरे प्रति न्याय की भावना जागे।

जाओ और यह सब उससे कह दो।"

युवक ने एक डॉलर का नोट लड़के की हथेली पर रख दिया। लड़के ने एक क्षण के लिए अपनी चमकती और सजग आंखों से नौजवान को देखा और बेंच पर बैठी युवती की तरफ दौड़ लगा दी।

युवती ने बिना किसी पक्षपात से लड़के को शान्त भाव देखा।

"कुमारी जी," वह बोला "वे सज्जन जो उस बेंच पर बैठे हैं उन्होंने आपके लिए मेरे रूप में 'नृत्य और गीत' का प्रदर्शन करने भेजा है अगर आप उस नौजवान को नहीं जानती तो बोलो, मैं तीन मिनट में पुलिस बुलाकर उसके होश ठिकाने लगवा दूंगा। और अगर आप उसे जानती हैं तो फूलों की महकती सुगन्ध का यह गुच्छा उसकी ओर से आपके लिए है।"

युवती ने अरूचि से लड़के को देखा। "नृत्य और गीत" युवती ने मीठी आवाज में जान बूझ कर अपने शब्दों को अटपटे पर स्पष्ट शब्दों में कहा "कोई नया विचार सूझा है उसे, खैर जाने दो, मैं उन सज्जन को अच्छी तरह जानती हूं। इसलिए पुलिस बुलाने की कोई आवश्यकता नहीं। तुम अपना गीत सुना सकते हो, नृत्य दिखा सकते हो। पर तेज आवाज में नहीं लोगों का ध्यान हमारी तरफ खिंच सकता है। पार्क में लोगों की आवाजाही जरा जल्दी ही शुरू हो गई है।

"ओह" लड़के ने शरीर को लहराते हुए कहा "तुम समझ गईं न मैं क्या कहना चाहता हूं। ठंडी हवा चल रही है। उसने कहा है कि ठंड से बचने के लिए वह कॉलर गर्दन तक चढ़ाए और कमीज की बांहों को नीचे सरकाए, सानफ्रांसिसको से बाहर जा रहा है। जहां वह क्लोनडाइक में बर्फ के पक्षियों का शिकार करेगा। तुमने उससे कहा है कि वह पार्क के गेट पर न आए। वह तुम्हें गुलाबी प्रेम पत्र न भेजे। उसने कहा है कि तुम उसे भूला बिसरा समझती हो और उसे कोई मौका नहीं देती ताकि वह अपने जाने के निर्णय को ठोकर मार सके। उसका कहना है कि तुमने उसे कड़ी चोट दी है। और अब बता भी नहीं रही हो कि तुमने ऐसा क्यों किया?"

लड़के की बातों में युवती की रूचि जागी जिसे उसकी आंखें छुपा नहीं पा रही थीं। शायद यह इस कारण हुआ कि बर्फ के पक्षियों का

शिकारी सच कह रहा था। युवती पार्क में खड़ी मूर्ति पर आंखें गड़ाती बोली।

"उन सज्जन से कहो, कि मुझे उनसे दुबारा कहने की आवश्यकता नहीं है कि मेरे आदर्श क्या हैं। वे अच्छी तरह जानते हैं कि वे क्या हैं। जहां तक मेरा और उन सज्जन का मामला है सम्पूर्ण और सच्ची वफ़ा ही सर्वोच्च आदर्श है। उनसे कहना कि मैंने अपने दिल में झांका है और मुझे इसकी कमजोरी पता है। मैं सुनी सुनाई बातों और संदिग्ध बातों पर विश्वास नहीं करती। मैं उन पर कोई आरोप नहीं लगा रही हूं। फिर भी वे सज्जन उस बात को सुनने पर जोर दे रहे हैं, जो वे पहले से ही जानते हैं। जो भी कुछ मैंने तुमसे कहा है। तुम उन सज्जन से कह सकते हो।

तुम कहना कि मैं उस दिन फूलों की नर्सरी में मां के लिए गुलाब का एक फूल लेने गई थी, वहां मैंने उस सज्जन को और मिस एसबर्टन को कनेर की झाड़ियों के नीचे आलिंगनबद्ध देखा था। वे बिना हिले डुले चित्रवत बैठे थे। उनका अति निकटता से बैठना अपनी कहानी खुद कह रहा था।

मैं नर्सरी से चली आई साथ ही गुलाब का फूल और अपने आदर्श वहीं छोड़ आई।

तुम अपना नाच गाना उसी नाटकबाज़ के सामने दिखाना।"

"मैं एक शब्द से भ्रमित हूं, मैडम, यह अति निकटता से आपका क्या तात्पर्य है?"

"अति निकटता, इसे नज़दीकी भी कह सकते हो, इतने पास होना और किसी बेजान मूर्ति की तरह बिना हिले-जुले एक ही स्थिति में बने रहना।"

लड़का युवक के पास वापिस लौटा उसके पैरों के नीचे उसे जमीन सरसराती सी लगी। नौजवान की आंखें उससे जल्दी से पूछताछ करना चाहती थीं।

लड़के में एक अनुवादक का सा उत्साह था। वह बोला

"मैडम का कहना है कि अगर कोई मर जाए, और उसे भूत प्रेतों का काम बताया जाए तो यह उसे मंजूर नहीं। मैडम आपकी कोई बात सुनने को तैयार नहीं। मैडम का कहना है कि उसने आपको और मिस एसबर्टन को आलिंगनबद्ध स्थिति में रंगे हाथों पकड़ा है। उनका कहना है कि यह खूबसूरत हो सकता है पर वे इस बात से विचलित हो गईं हैं। वे सज्जन चोर की तरह भागने के लिए गाड़ी पकड़ने की फिक्र करें।"

नौजवान ने हल्की सी सीटी बजाई और उसकी आंखों में आशा भरी चमक कौंध गई। उसने अपने कोट की भीतरी जेब में हाथ डाला और कुछ पत्र निकाले। उनमें से एक पत्र छांटा और लड़के के हाथ पर रख दिया, फिर जेब से एक डॉलर का चांदी का सिक्का भी उसे दे दिया।

"यह पत्र उस युवती को दे देना" नौजवान ने कहा "और कहना कि वह इसे पढ़े, उससे यह भी कहना कि यदि उसने आदर्श की धारणाओं में थोड़ा विश्वास भी मिलाया होता तो मन की पीड़ा से बचा जा सकता था। उससे कहना जिस वफ़ा पर उसका इतना ज़ोर है, उसके प्रति मेरी वफ़ा ज़रा भी नहीं डिगी है। और उससे कहना मुझे उसके उत्तर का इन्तजार है।"

अब हरकारा लड़का युवती के सामने खड़ा था। वह बोला।

"वे सज्जन कहते हैं कि तुमने अकारण ही उसे अपने से दूर कर दिया है। उनका कहना है कि वह मक्खी की तरह भिनभिनाने वाला व्यक्ति नहीं है। मेरा दावा है कि वह निर्दोष है।"

युवती ने पत्र खोला और सशंकित होकर पढ़ना शुरू किया;

प्रिय डॉक्टर अरनोल्ड;

मैं आपको इस बात के लिए धन्यवाद देता हूं कि आपने अपनी चिकित्सीय सेवाएं पिछले शुक्रवार की शाम मेरी पुत्री को दीं जो फूलों की नर्सरी में श्रीमती होल्डन के स्वागत-समारोह में दिल के दौरे से पीड़ित हो गई थी। अगर आपने उसके फर्श पर गिरने से पहले थाम न लिया होता और उसका प्रारंभिक उपचार न किया होता तो

शायद हम उसे खो देते। मुझे खुशी होगी यदि आप यहां आकर उसका उपचार फिर शुरू करें।

भवदीय

रोबर्ट एसबर्टन

युवती ने पत्र बन्द किया और लड़के को वापिस कर दिया।

"सज्जन को आपका उत्तर भी चाहिए" लड़का बोला "आपका उत्तर क्या है?"

युवती की आंखों में एक चमक आई, वे नम थीं। उसने मुस्कराते हुए हरकारे लड़के से कहा।

"दूसरी बेंच पर बैठे उन सज्जन से कहना" प्रसन्न भाव से हंसती हुई वह बोली।

"उनसे कहना उनकी प्रेमिका उन्हीं को चाहती है।"

(यह कहानी ओ. हेनरी की अत्यन्त कोमल कहानियों में है। ओ. हेनरी ने इसमें दो युवा ह्रदयों के तानों, उहापोहों और अलगाव का बड़ा मधुर वर्णन किया है। नायिका एक गलतफहमी का शिकार होकर नायक से रूठ जाती है और उससे बात करना बन्द कर देती है।

एक बागीचे में उन दोनों के बीच हरकारे के माध्यम से संदेशों का आदान प्रदान होता है। बाद में गलतफहमी का विचित्र सत्य सामने आता है और पाठक हैरान रह जाता है।

इस कहानी के चयन का यही एक कारण है। कोमल भावनाओं की कोमल अभिव्यक्ति की सफलता।)

विचित्र कहानी

(A Strange Story)

ऑस्टिन के उत्तरी इलाके में एक प्रसन्न परिवार रहा करता था। जिसे स्मोथर्स परिवार कहा जाता था। परिवार के सदस्यों में जॉन स्मोथर्स, उनकी पत्नी एक पांच साल की बच्ची और उसके माता पिता। यही पांच लोग थे। पर एक विशेष आदेश के अन्तर्गत जब जनगणना की गई तो वास्तव में तीन प्राणी ही निकले।

एक रात रात के खाने के बाद नन्हीं बच्ची उदर-शूल से तड़पने लगी। बच्ची को तड़पता देख जॉन स्मोथर्स दवाई लेने पास के कस्बे की तरफ भागे गए। वे फिर कभी नहीं लौटे।

छोटी बच्ची कालान्तर में बड़ी होकर युवती हो गई।

मां पति के न लौटने पर खूब रोई। पर उसने तीन महीने बाद शादी कर ली और पति के साथ सेब ऑस्टीन चली गई।

कालान्तर में युवती बन गई बच्ची का भी विवाह हुआ। वर्ष बीते और वह भी एक बच्ची की मां बनी। जो पांच वर्ष की थी।

वह अब भी उसी घर में रहती थी जो स्मोथर्स का पुश्तैनी मकान तो था ही, उसका जन्म भी उसी मकान में हुआ था।

एक रात एक विचित्र संयोग हुआ कि यह नन्ही बच्ची भी उदर शूल से पीड़ित हुई। यह वही रात थी जब जोन स्मोथर्स के गायब होने की बरसी थी। जो अगर घर में होता और स्थायी काम कर रहा होता तो बच्ची का नाना होता।

"मैं जाकर बच्ची के लिए पास के कस्बे से दवाई ले आता हूं।" जॉन स्मिथ ने कहा। यह जान स्मिथ और कोई नहीं वही था जिससे उसकी मां ने शादी की थी। यानी उसका पिता।

"नहीं; नहीं जॉन," उसकी मां चिल्लाई "तुम भी कहीं गायब हो जाओगे, और घर आना भूल जाओगे।"

जॉन स्मिथ नहीं गया। दोनों माता पिता पेन्सी के बिस्तर के पास बैठ गए। बच्ची का यही नाम था।

बच्ची की हालत और बिगड़ी तो जॉन स्मिथ ने फिर कहा कि मैं जाकर दवा ले आता हूं, पर दुबारा भी पत्नी ने उसे जाने से मना कर दिया।

तभी अचानक भड़ाक से दरवाजा खुला और एक बूढ़े आदमी ने जिसके सारे बाल सफेद थे कमरे में प्रवेश किया।

"अरे नानाजी आ गए" पेन्सी चिल्लाई उसने किसी और के पहचानने से पहले अपनी मां के पिता को पहचान लिया था।

वृद्ध व्यक्ति ने जेब से दवा की शीशी निकाली और एक चम्मच बच्ची को पिला दी।

दवा का जादुई असर हुआ और बच्ची का उदर-शूल कहीं गायब हो गया जैसे कभी उसे वह था ही नहीं।

"मुझे थोड़ी देर हो गई; दरअसल मैं एक टैक्सी का इन्तजार कर रहा था। जॉन स्मोथर्स ने शर्माते हुए कहा।"

बच्ची की मां हैरानी से कभी अपने पिता को, कभी अपनी बच्ची को एक टक देख रही थी।

(इस कहानी के चयन का एक कारण है इसकी विचित्र कथावस्तु। इस कहानी पर ओ. हेनरी की अन्य लोकप्रिय कहानी 'बीस साल बाद' की हल्की सी छाया है। कहानी में एक व्यक्ति का किसी काम से घर से बाहर निकलना फिर लौट कर न आना कहानी को रहस्यात्मक बना देता है।

कहानी के अन्त में कलाईमैक्स में और भी आश्चर्यजनक घटित होता है। 2 पृष्ठों की यह कहानी ओ. हेनरी की कहानी कला की दक्षता को प्रकट करती है।)

सपना

(The Dream)

मरे ने एक सपना देखा। विज्ञान और मनोविज्ञान के विशेषज्ञ हमें अपने स्वयं का उस समय की घटनाओं का विश्लेषण कर उनके बारे में बता या समझा सकते है जब मृत्यु की जुड़वा बहिन नींद हमें घेरे होती है। घटनाएं साक्षात् नहीं स्वप्न में घटतीं हैं।

कहानी उस पर प्रकाश डालने का प्रयास बिल्कुल नहीं करेगी, यह बस 'मरे' के सपने का रिकार्ड भर है। सबसे उलझाने वाली गति यह है कि जाग्रत अवस्था में जिन स्थितियों या घटनाओं को घटने में वर्षों या महीनों का समय लगा हो स्वप्न में वे सैकिन्डों या मिनटों में घट जाती है।

मरे जेल की अपनी कोठरी में बैठा था जिसे जेल की भाषा में 'कन्डेम्ड सेल' कहा जाता है। फांसी देने से पहले कैदी को इन्हीं कोठरियों में रखा जाता है। वे साधारण कैदियों की कोठरियों से अलग-थलग होती हैं। बरामदे की छत पर लगी आर्क-लाइट की

रोशनी उसकी सेल की मेज पर पड़ रही थी। मेज पर रखे कागजों पर एक चींटी तेजी से रेंग रही थी। मरे ने एक लिफाफे से उसे रोका। मरे को बिजली की कुर्सी पर बैठाकर मृत्यु देनी थी और उसका समय था शाम 8 बजे। मरे चींटी को देख कीट जगत की सबसे बुद्धिमान जाति की विलक्षणता पर मुस्कराया। जेल के 'कंडेम्ड सेल' खण्ड में सात कैदी और थे। मरे से पहले ही तीन को तो उनके भाग्य ने कुर्सी पर बिठा मृत्यु दे दी थी। एक कैदी तो पागल हो गया था और जेल कर्मियों से हाथापाई करने लगा था पर अन्तत: उसे भी कुर्सी तक पहुंचा दिया गया था।

दूसरा कैदी बड़बड़ाता रहता था, तीसरा कमजोर सा था उसे आसानी से कुर्सी के पट्टों से बांध दिया गया था।

मरे सोच रहा था कि वह और उसका दिल सज़ा के ऐन वक्त न जाने क्या प्रतिक्रिया करे। क्योंकि आज उसकी ही बारी थी। आज की शाम उसे ही बिजली की कुर्सी पर बैठना था।

मरे ने सोचा कि लगता है 8 बजने ही वाले हैं। उसकी कोठरी के सामने की दो पंक्तियों में जो कोठरियां थीं उनमें से एक में 'बोनी फेसिओ' बन्द था। सिसली का हत्यारा जिसने अपनी मंगेतर और उन दो पुलिस वालों की हत्या कर दी थी जो उसे गिरफ्तार करने आए थे।

उसके साथ मरे ने घंटों 'चैकर' का खेल खेला था। बोनीफेसिओ ने अपनी भारी आवाज में उसे पुकारा।

"ऐ मिस्टीरियो मरे तुम्हें कैसा लग रहा है अ...च्छा...आ...आ...लग... रहा है।"

"ठीक हूं, बोनीफेसिओ! मरे ने सधे स्वरों में कहा और चींटी को लिफाफे के ऊपर चढ़ जाने दिया, फिर उसे फर्श पर झटक दिया।"

"यह ठीक है, मिस्टीरियो मरे, हमारे जैसों को मर्दों की तरह मरना चाहिए, मेरा वक्त तो अगले हफ्ते आएगा, ठीक है, मिस्टीरियो मरे, याद रखना मैंने तुम्हे चैकर के खेल में काफी हराया था। हम शायद फिर कब खेलें, भगवान जाने।"

बोनीफेसिओ ने अपनी फ़िलासफी झाड़ने के बाद ज़ोर का ठहाका लगाया। इससे ठंडी निष्क्रियता के बजाय मरे के दिल में गर्मी पैदा हुई।

कम से कम बोनीफेसिओ के पास जीने के लिए एक हफ्ता तो था।

'कन्डेम्ड सेलों' के खंड के बरामदे की आखिरी कोठरी के बोल्ट सरकने की आवाज, कैदियों को सुनाई दी। तीन जेलकर्मी मरे की कोठरी पर आए और उसका ताला खोल दिया। दो तो जेल कर्मी थे तीसरा पादरी 'रेवर्ड लियोनार्ड विन्सटन' था, जो मरे का बचपन का दोस्त भी था, और पड़ोसी भी था। "मैंने उनसे प्रार्थना की थी कि किसी अन्य पादरी के स्थान पर वे मुझे चुनें" और उसने ज़ोर से मरे का हाथ दबाया। उसने अपने बाएं हाथ में एक बाइबल पकड़ रखी थी।

हाथ की इन्डेक्स फिंगर बाइबल में किसी चिन्हित पृष्ठ पर धंसी हुई थी।

मरे हल्का सा मुस्कराया और दो तीन किताबों और पैन होल्डर को करीने से मेज पर लगा दिया, वह बोलना चाहता था पर जुबान पर शब्द आ ही नहीं पा रहे थे।

कैदियों ने 80 फीट लंबे और 28 फीट चौड़े जेलखंड का नाम 'लिम्बो लेन' रख छोड़ा था।

'लिबो लेन' का गार्ड एक विशालकाय स्वस्थ शरीर का दयालु स्वभाव का गार्ड था। उसने अपनी जेब से विस्की की बोतल निकाली और मरे को पेश कर दी।

"यह एक नियमित क्रिया है, और यह शक्तिवर्धक औषधि है, और अब इसकी आदत तो क्या पड़ेगी।"

मरे ने जी भर शराब पी ली।

"शाबाश," यह हुई न मर्दों वाली बात "गार्ड हर्षित होकर बोला। यह एक ऐसा टॉनिक है जिससे हर चीज बेहद सरल और सहज हो जाती है, रेशम की तरह।"

उन्होंने बरामदे में कदम रखा। बरामदे की सातों कोठरियों के कैदी जानते थे कि लिम्बो लेन दुनिया से अलग एक दुनिया है।

हर कैदी जानता था कि आठ बजने ही वाले थे। और ठीक आठ बजे मरे को मौत की कुर्सी पर बैठना था। "लिम्बो लेन में हत्यारों का राज है, हत्यारे जो दिन दहाड़े हत्या करते हैं, जो अपने दुश्मनों को पीट-पीट कर मार डालते हैं। वे मनुष्यों का शरीर लिए चूहे हैं, मकड़ी है, साँप हैं।"

इसलिए सात में से तीन ऐसे कैदी थे जिन्होंने ही मरे को विदाई दी। मरे दो गार्डों के बीच में चल रहा था। जिन्होंने उसे विदाई दी उनमें एक था बोनीफिशिओ, दूसरा था मार्विन जिसने जेल से भागने की कोशिश में एक गार्ड की हत्या कर दी थी। तीसरा ट्रैन डकैत बैसेट्ट था, जिसने ट्रेन के संदेश वाहक की इसलिए हत्या कर दी थी क्योंकि उसने बैसेट्ट के कहने पर हाथ ऊपर नहीं उठाए थे।

मरे को अपनी शान्ति और वातावरण से निर्लिप्तता हैरान कर रही थी।

मौत की कुर्सी के कमरे में लगभग 20 आदमी थे। जो जेल अधिकारी, अखबारों के संवाददाता या वे लोग थे जो किसी तरह वहां आने में सफल हो गए थे। और....

(यहां इस वाक्य के ऐन बीच मौत ने हस्तक्षेप किया और वाक्य को पूरा न होने दिया। इस तरह उसको ओ. हेनरी की आखिरी कहानी बना दिया। इस कहानी को वह अन्य कहानियों से अलग बनाना चाहता था; एक नई शैली जिसका उसने पहले प्रयोग नहीं किया था। उसने लिखा "मैं पाठक को दिखाना चाहता हूं कि मैं नया एक दम नया भी कुछ लिख सकता हूं, मेरा मतलब वह कहानी जिसमें अश्लील और गंवारू भाषा न हो, एक सीधी नाटकीय कथावस्तु हो और जो मेरी कहानी कला के अनुरूप हो।"

इस कहानी को पूर्ण करने से पहले उसने कहानी की कथावस्तु को विकसित कर लिया था, और उसे कच्चा कर लिया था।)

मरे, जो ऐसा अपराधी था जिसने अपनी प्रेमिका की हत्या ईर्ष्यावश कर दी थी।

मरे मौत की सजा के सामने शान्त और बाहर से हर चीज से निर्लिप्त दीखता है। उसे अपने अन्त की परवाह नहीं। जैसे जैसे वह बिजली की कुर्सी के निकट पहुंचता है, उस पर विराग छा जाता है। वह व्यग्र जड़ और अचेत सा हो जाता है। मृत्यु-कक्ष, बिजली की कुर्सी, जेल अधिकारी,जल्लाद, प्रेस रिपोर्टर, दर्शक और उसे कुर्सी पर बैठाने की तैयारी, ये सब उसे झूठी लगतीं हैं। उसके दिमाग में यह विचार कौंधता है कि कहीं कोई गलती हुई है।

उसे कुर्सी पर क्यों बैठाया गया है? क्या किया है उसने? कौन सा जुर्म हुआ है उससे?

जैसे ही उसे कुर्सी के पट्टों से बांधा जाता है एक दृश्य उसकी आंखों में उभरता है।

जागी आंखों का सपना।

वह देखता है कि गांव में एक कॉटेज है, जो फूलों की क्यारियों के बीच में है और सूरज की रोशनी से जगमग है।

वहां एक सुन्दर स्त्री है, एक प्यारा बच्चा है। वह उनसे बात करता है, तब उसे पता चलता है कि स्त्री उसकी पत्नी है। और बच्चा उसका अपना बच्चा है। वह कॉटेज उसका अपना घर है।

...तो आखिर कहीं कोई गलती ही हुई थी। किसी से एक भयंकर गलती हुई थी। हुई है।

आरोप, मुकद्दमा, सजा, बिजली की कुर्सी से मौत की सजा का निष्पादन। सब सपना है। वह अपनी पत्नी का आलिंगन करता है, बच्चे को चूमता है। हां, यही प्रसन्नता है, यही खुशी है।

तभी अधिकारियों के इशारे पर एक बटन दबाया जाता है और कुर्सी में बिजली की मारक धारा छोड़ दी जाती है।

मरे ने कितना गलत सपना देखा था।

(यह कहानी ओ. हेनरी की अंतिम कहानी है। इसे लिखने का आदेश 'दी कोस्मोपोलिटन मैगजीन' के सम्पादक ने उसे दिया था। ओ. हेनरी के मृत्यु के बाद इस कहानी की अधूरी पांडुलिपि उसकी पढ़ने लिखने की मेज पर पाई गई। यह कहानी जैसी कि यहां दी जा रही है सितम्बर 1910 के 'दी कोस्मोपोलिटन मैगजीन' के अंक में छपी थी।)

बीस साल बाद

(After Twenty Years)

वह पुलिस वाला अपने इलाके की गश्त बड़ी मुस्तैदी से लगा रहा था। उसकी मुस्तैदी और रौब-दाब आदतन था, किसी को दिखाने के लिए नहीं था।

बाजार में रात के दस बजे के आस-पास का समय था, अभी दस बजे नहीं थे।

बर्फीली हवाओं और बूंदाबादी ने मौसम ठंडा कर दिया था, इससे सड़कों पर लोगों की आवाजाही बेहद कम थी।

रुक-रुक कर वह दुकानों के ताले चैक करता जा रहा था, कि वे बन्द हैं या नहीं। अपना डंडा घुमाता और वीरोचित चाल से चलता वह शान्ति का पहरेदार लग रहा था।

कभी कभी उसकी सजग दृष्टि पैसेफिक राजमार्ग की तरफ घूम जाती थी, जैसे उसे किसी का इन्तजार था।

किसका?

ज्यादातर दुकानें बन्द थीं, जो व्यापारियों का दफ्तर थीं, पर 24 घंटे खुलने वाले ढाबे और सिगार स्टोर की बत्तियां अभी भी जल रही थीं। जो थोड़ी गहमागहमी थीं, वह इन्हीं पर थी।

अभी वह ब्लॉक के आधे रास्ते पर ही था, कि वह ठिठका, उसने देखा कि हार्डवेयर की दुकान के दरवाजे पर एक आदमी अपना सिगार सुलगाने की कोशिश में झुका हुआ था।

बन्द दरवाजे पर वह आदमी क्या कर रहा था? पुलिस वाले को शंका हुई, वह उस सिगार वाले आदमी के निकट पहुंचा।

पुलिस वाले को देख सिगार वाला आदमी बोला "यहां सब ठीक-ठाक है, साहब! मैं यहां एक मित्र का इन्तजार कर रहा हूं, जिसने 20 साल पहले मुझसे इसी समय ठीक दस बजे इसी स्थान पर मिलने का वायदा किया था। अगर तुम्हें विश्वास न हो तो मैं तुम्हें यह बता सकता हूं कि इस हार्डवेयर स्टोर के स्थान पर कभी एक रेस्त्रां हुआ करता था। जो ब्रैडी का रेस्त्रां।"

"हां, पांच साल पहले उसे गिरा दिया गया था।" पुलिसवाले ने उसे बताया।

बाजार के बरामदे में हार्डवेयर के दरवाजे पर खड़े व्यक्ति ने माचिस जलाई और अपना सिगार सुलगाने लगा। माचिस की हल्की रोशनी में उस व्यक्ति का पीला, चौड़ा-चकला चेहरा, भेदी नजरें और एक चाकू के निशान सा चीरा था जो उसकी दायीं आंख के ऊपर साफ दिखाई दे रहा था। उसके गले के स्कार्फ (रूमाल) पर हीरे का एक ब्रूच (पिन) बेतरतीबी से टंका था।

पुलिसवाले ने इन सब पर गौर किया। सिगार वाला व्यक्ति अपने वहां मौजूद रहने का कारण पुलिस वाले को समझाने लगा।

"बीस साल पहले मैंने इस स्थान पर बने बिग जो ब्रैडी के रेस्त्रां में अपने सबसे जिगरी दोस्त जिम्मी वेल्स के साथ खाना खाया था, जिम बहुत अच्छा था। मैं और वह यहीं न्यूयार्क में पले बढ़े थे।

हम दोनों सगे भाइयों की तरह थे। मैं अठारह साल का था। जिम्मी बीस का रहा होगा। अगले दिन मुझे अपना भविष्य तलाशने पश्चिम की तरफ जाना था। मैं जिम्मी को अपने साथ चलने को राज़ी न कर सका। क्योंकि उसका मानना था कि न्यूयार्क ही पूरी दुनिया में उसके लिए सबसे अच्छी जगह है।

बिग जो के रेस्त्रां में डिनर के बाद हम दोनों में यह करार हुआ था कि आज (उस दिन) की तारीख के ठीक 20 साल बाद हम इसी रेस्त्रां में इसी समय मिलेंगे, बिना इस बात की परवाह किए कि हम यहां से चाहे हजारों मील दूर हों, या हमारी हालत कैसी भी क्यों न हो।

हमारा विचार था कि इन बीस सालों में हमें वह सब कुछ मिल जाएगा जो हमारी किस्मत में होगा।"

"काफी दिलचस्प कहानी है" पुलिसवाला बोला "बीस साल तुम्हारे और तुम्हारे दोस्त के मिलने के बीच काफी लम्बा फासला है। जब तुम्हारा दोस्त तुमसे अंतिम बार मिला था, तब से अब तक तुममें और उसमें कोई सम्पर्क नहीं रहा?"

"ऐसी बात नहीं, कुछ समय तक तो हम पत्र-व्यवहार करते रहे, पर एक दो साल बाद हममें यह पत्रों का आदान प्रदान भी टूट गया। अब 18 साल से हमारा कोई सम्पर्क नहीं। पश्चिम संभावनाओं का और जीवन्त क्षेत्र है। वहां अपना भविष्य बनाने के लिए मुझे बड़े पापड़ बेलने पड़े।

पर आखिर मैं सफल हुआ।

मुझे पूरा विश्वास है कि जिम्मी अगर जिन्दा है तो मुझसे इस जगह आकर जरूर मिलेगा। ऐसा ही था वह ज़िद्दी, अपने वचन का पक्का। वह मेरा सच्चा और प्यारा दोस्त है। वह आज का वायदा

कभी नहीं भूला होगा। मैं हजारों मील दूर से आकर इस हार्डवेयर स्टोर के दरवाजे पर खड़ा उसी का इन्तजार कर रहा हूं।

अगर वह आया तो मेरा इन्तजार व्यर्थ नहीं जाएगा।"

प्रतीक्षारत आदमी ने अपनी सोने की घड़ी देखी, घड़ी के केस पर छोटे बड़े कई हीरे जड़े थे।

"दस बजने में तीन मिनट बाकी हैं, ठीक 10 बजे हम एक दूसरे से अलग हुए थे।"

"पश्चिम में तुमने काफी कामयाबी हासिल की है, है न?" पुलिस वाला बोला।

"शर्त लगा लो, जिम्मी मुझसे आधा तो सम्पन्न होगा ही।" वह मेहनती और कर्मठ है, और एक अच्छा इंसान है। मुझे पैसा कमाने के लिए शातिर लोगों से निपटना पड़ता है। सच मानिए पश्चिम में मुझे अपना रास्ता खुद बनाना पड़ा, वहां जिन्दा रहने के लिए आपको नंगे पांव तलवार की धार पर चलना पड़ता है।"

अजनबी सिगार वाले आदमी ने अपनी बात खत्म की।

पुलिस वाले ने अपना डंडा हवा में लहराया और एक दो कदम आगे बढ़ कर बोला।

"मैं अपनी ड्यूटी पर जा रहा हूं, आशा करता हूं तुम्हारा दोस्त यहां जरूर आए, और सही समय पर आए।"

"मैं उसे ज्यादा से ज्यादा आधे घन्टे का समय और दे सकता हूं" अजनबी पुलिसवाले से बोला "जिम्मी अगर इस धरती पर जिन्दा है, तो जरूर आएगा भले ही आधा घंटा लेट आए।"

"गुड नाइट सर" बोलता पुलिस वाला दरवाजों के ताले चैक करता अपनी नियमित गश्त की तरफ बढ़ गया।

हवा ठंडी थी और बूंदा बांदी हो रही थी। अपने कोट के कॉलर को कानों तक चढ़ाए पैदल यात्री धीरे-धीरे चले जा रहे थे। उनके हाथ कोट की जेबों में धंसे थे, ताकि ठंड से बचाव हो।

इधर हार्डवेयर की दुकान के दरवाजे पर खड़ा व्यक्ति अपने सिगार के कश लगाता उस बीस साल पहले के दोस्त का इन्तजार कर रहा था जो क्या पता जिन्दा भी था या नहीं।

इन्तजार के 20 मिनट और गुजरे।

तभी सड़क के उस पार से एक लम्बा आदमी जिसके कोट का कॉलर कानों तक उठा हुआ था, भागता सा सड़क पार करता इन्तजार करते अजनबी के पास आ खड़ा हुआ। रात का अंधेरा गहराता जा रहा था।

"तुम बॉब हो?" उसने उत्सुकता से अजनबी से पूछा।

"और तुम जिम्मी ही हो?" अजनबी खुशी के आवेग में लगभग चीखा। "ईश्वर का लाख लाख शुक्र है।"

दोनों व्यक्तियों के हाथ मिले।

"यह तुम्हीं हो बॉब," मुझे पता था कि अगर तुम जिन्दा होगे तो जरूर आओगे। वाह...बीस साल एक बहुत लंबा अन्तराल है। बॉब! पुराना रेस्त्रां नहीं रहा, मैं चाहता था कि वह रहता जाकि हम आज भी उसी में डिनर कर रहे होते।

"तुम्हें पश्चिम ने क्या दिया बुढ़ऊ।" नए आए व्यक्ति ने चुटकी ली।

"पश्चिम ने मुझे वह सब कुछ दिया जो मैंने चाहा था, जिम्मी! तुम बहुत बदल गए हो। तुम दो तीन इंच लंबे नहीं हो गए?" सिगार वाला व्यक्ति बोला।

"हां, बीस साल की उम्र के बाद मेरा कद थोड़ा बढ़ गया था।"

"न्यूयार्क में अच्छी गुज़र रही है जिम्मी?"

"बस ठीक ठाक है, मैं सरकारी नौकर हूं। आओ बॉब मैं एक ऐसी जगह जानता हूं जहां बैठकर हम पुरानी यादें ताज़ा करेंगे।"

दोनों व्यक्ति हाथों में हाथ डाले चलने लगे। पश्चिम से आया व्यक्ति (बॉब) जो अपनी सफलता पर गर्वित था अपनी सफलता की कहानी जिम्मी को सुनाने लगा।

अपने लम्बे कोट में सिमटा व्यक्ति मनोयोग से उसकी कहानी सुन रहा था।

बरामदे के दूसरे कोने का ड्रग स्टोर बिजली की रोशनी में चमक रहा था। जैसे ही दोनों व्यक्ति बिजली की रोशनी में नहाए ड्रगस्टोर तक पहुंचे दोनों ने एक दूसरे को देखा।

पश्चिम से आया व्यक्ति अचानक रुका और एक झटके से अपना हाथ नए आए व्यक्ति के हाथ से छुड़ा लिया।

"तुम जिम्मी वेल्स नहीं हो" वह तत्परता से बोला "बीस साल एक लम्बा समय है, पर इतना लंबा नहीं कि एक आदमी की नाक लंबी से चपटी हो जाए।"

अब नए आए व्यक्ति ने अपना मौन तोड़ा "मैं वास्तव में जिम्मी नहीं हूं, बल्कि न्यूयार्क पुलिस थाने का इन्सपेक्टर हूं। वक्त कभी-कभी एक अच्छे व्यक्ति को बुरा आदमी बना देता है। प्यारे बॉब। दस मिनट से तुम हमारी निगरानी में हो और अब गिरफ्तार हो। शिकागो पुलिस का ख्याल है कि तुम हमारी तरफ दिखाई दे सकते हो, इसलिए उन्होंने हमें तार भेजकर तुम्हारे बारे में सचेत कर दिया था। सूचना भेज दी थी। अक्लमन्दी इसी में है कि तुम चुपचाप मेरे साथ थाने चलो। कोई बेजा हरकत की तो भरी रिवाल्वर मेरी जेब में है। तुम्हें गोली मारते मुझे देर नहीं लगेगी।

इससे पहले कि हम थाने पहुंचें कागज का यह पुर्जा मुझे तुम्हें सौंप देने के लिए दिया गया था।

यह लो, वहां खिड़की के पास की तेज़ रोशनी में तुम इसे पढ़ सकते हो।"

पश्चिम से आए व्यक्ति ने कागज का वह टुकड़ा खोला और पढ़ने लगा।

टुकड़े पर लिखा लेख संक्षिप्त था।

बाब!

मैं नियत समय पर नियत स्थान पर पहुंच गया था। लेकिन जब तुमने अपना सिगार सुलगाने के लिए माचिस जलाई तो मैंने देखा

कि तुम्हीं वह अपराधी हो जिसकी शिकागो पुलिस को बड़ी सरगर्मी से तलाश है। न जाने क्यों मैं खुद तुम्हें गिरफ्तार करने की हिम्मत नहीं जुटा सका। दोस्ती का मान मुझे रखना था, इसीलिए सादे कपड़ों में किसी अन्य पुलिस ऑफिसर को तुम्हें गिरफ्तार करने भेजा।

जिम्मी वेल्स।

('बीस साल बाद' ओ. हेनरी की अद्‌भुत कहानी है, इसकी कथावस्तु किसी परम्परागत नियमों का पालन नहीं करती। और पाठक के सामने एक अद्‌भुत कथा-योजना प्रस्तुत कर देती है। अन्त तक पाठक यह नहीं समझ पाता कि अन्त क्या होगा। यह कहानी मित्रता की अद्‌भुत मिसाल प्रस्तुत करती है, पर कर्तव्यबोध मित्रता पर हावी हो जाता है। मेरा इस कहानी का चयन इसी कारण से है।

यह कहानी ओ. हेनरी की सर्वाधिक लोकप्रिय कहानियों में से एक है।)

सजा हुआ कमरा

(The Furnished Room)

समय की तरह बैचेन, स्थान बदलते रहने वाले, घर से भागने वाले और नाटक में नृत्य करने वालों का कस्बा था वह, जहां पक्की ईंटों के मकान थे, इमारतें थी।

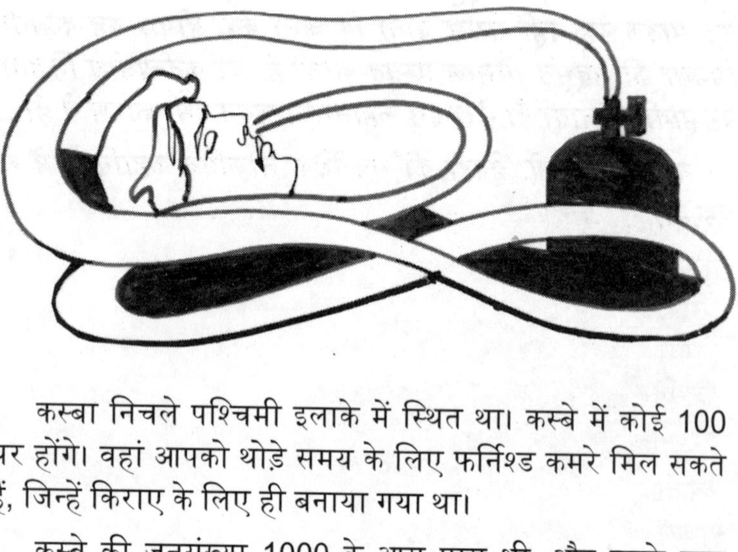

कस्बा निचले पश्चिमी इलाके में स्थित था। कस्बे में कोई 100 घर होंगे। वहां आपको थोड़े समय के लिए फर्निश्ड कमरे मिल सकते हैं, जिन्हें किराए के लिए ही बनाया गया था।

कस्बे की जनसंख्या 1000 के आस पास थी, और उनके पास सुनाने को इतनी ही नीरस कहानियां, कहानियां क्या गप्प कह लो थीं।

एक शाम अन्धेरा होने के बाद एक युवक घूमता-घामता उधर आया।

उन होटलनुमा लाल ईंटों की इमारतों के दरवाजों की घंटियां बजाता अन्ततः वह बारहवीं खंडहर नुमा इमारत की सीढ़ियों पर

अपना सफरी बैग रखकर बैठ गया और सुस्ताने लगा। फिर थोड़ी देर बाद उसने अपने हैट और माथे की धूल पौंछी और इमारत की घंटी का बटन दबा दिया।

दूर इमारत में कहीं घंटी बजी।

कुछ ही क्षणों बाद इमारत की मालकिन दरवाजे पर प्रकट हुई, वह देखने में कोई खूबसूरत महिला नहीं थी।

"क्या यहां कोई कमरा मुझे मिल जाएगा, मुझे कुछ ही समय के लिए चाहिए?" आगंतुक ने पूछा।

"अन्दर आओ," मकान मालकिन ने अपनी घरघराती आवाज़ में उत्तर दिया।

"तीसरी मंजिल के पिछवाड़े एक कमरा पिछले हफ्ते ही खाली हुआ है। आओ, देख लो, अगर तुम्हें पसन्द आ जाए, तो तुम उसे ले सकते हो।"

वह नौजवान मकान मालकिन के पीछे-पीछे सीढ़ियों पर चढ़ने लगा। वे दोनों लचर सीढ़ियों पर जैसे तैसे चढ़ रहे थे। सीढ़ियों के हर घुमाव पर दीवार में खाली आले थे, कभी उनमें गमले रखे रहे होंगे। अगर ऐसा था तो इमारत की आबोहवा ने जल्दी ही उन्हें सुखा दिया होगा। संभव है उनमें संतों की मूर्तियां रखी हों, जिन्हें शैतान ने उठा कर किसी अन्धे कुएं में फेंक दिया होगा।

"यह है वह कमरा," मकान मालकिन एक कमरे के दरवाजे पर रुकती हुई अपनी घरघराती आवाज में बोली। "यह एक अच्छा साफ सुथरा कमरा है। यह यदा कदा ही खाली होता है इसमें पिछली गर्मियों में कई इज्जतदार लोग आकर ठहरे थे। वे शरीफों की तरह रहते थे, और सारा किराया पहले ही चुका देते थे। पानी राहदारी के आखिर में है।

'स्प्राओल्स' और 'मूनी' ने इस कमरे को तीन महीने के लिए लिया था। वे नामी हस्तियां थीं। तुमने उनके बारे में सुना होगा। वहां उस दीवारगीरी के पर ऊपर जो कील है, उस पर उनके विवाह का सर्टिफिकेट टंगा रहता था।

गैस वहां पर है, और वहां अल्मारी के पास काफी स्थान है, यह ही वह कमरा है जिसे सब पसन्द करते हैं, यह कभी खाली नहीं रहता।

आज इत्तफाक से यह खाली है।"

"क्या कभी तुमने किसी रंगमंच से सम्बन्धित व्यक्ति को यह कमरा दिया था।" नौजवान ने महिला से पूछा।

"हां, पर वे आते जाते रहते हैं, मेरे कमरे लेने वालों में रंगमंच पर काम करने वालों की अच्छी खासी संख्या है। यह कस्बा रंगमंच का इलाका है, अभिनेता ज्यादा समय के लिए कमरा नहीं लेते। पर मुझे अपनी किस्मत के ग्राहक मिल ही जाते हैं। जैसा कि मैंने कहा वे आते-जाते रहते हैं।"

"क्या तुम किसी वैशनर, ऐलोइस वेशनर नाम की लड़की को जानती हो जो कभी स्टेज पर गाती थी। एक गोरी लड़की, औसत कद थी, पतली, उसके बाल लाली लिए सुनहरी थे, और उसकी सबसे खास निशानी एक मस्सा था जो उसकी बायीं भौंह के पास था।"

"नहीं, मुझे याद नहीं पड़ता, ये स्टेज के लोग कमरों की तरह अपना नाम भी बदलते रहते हैं। वे आते हैं और चले जाते हैं। नहीं, मुझे यह वैशनर नाम बिल्कुल याद नहीं आ रहा।" मकान मालकिन ने जवाब दिया।

'नहीं', हमेशा 'नहीं'। पांच महीने से नौजवान बिना रुके लोगों से इस नाम के बारे में पूछताछ कर रहा था। उत्तर हमेशा 'नहीं' में मिला। कितना समय उसने होटल के मैनेजरों, एजेन्टों, स्कूलों और कोरस गायकों से पूछने में बिताया।

उत्तर हमेशा वही, 'नहीं' में मिला।

रात में नाटक देखने वाले दर्शकों अभिनेताओं और संगीत सभाओं में लोगों से पूछा, जवाब वही—'नहीं।'

वह उस लड़की से बेहद प्यार करता था, और हर कीमत पर उसे ढूंढने निकला था। उसे पूरा भरोसा था कि उस पानी तक को बेचने

वाले कस्बे में वह जरूर मिल जाएगी, पर अब ऐसा लग रहा था। यह कस्बा भी एक भयानक दलदल की तरह था, जो लगातार इसमें गिरने वालों को अपनी गहराइयों में निगलता जा रहा था।

उस सजे सजाए कमरे ने अपने मेहमान का झूठा स्वागत किया। एक उतावला, ऊपरी हल्का स्वागत जो छिछला और आधे मन से किया गया हो।

उस कमरे में आरामदायक वस्तुओं के नाम पर पुराना चरमराता फर्नीचर था। फटी, उधड़ी धज्जियों सा लगता कपड़े से मढ़ा सोफा था। दो कुर्सियां थीं। एक फुट चौड़ी सस्ते काँच जड़ी खिड़कियां थीं। एक दो तस्वीरें थीं जो गिलट के फ्रेम में जुड़ी दीवारों पर टंगी थीं।

एक कोने में पीतल की एक खाट थी। मेहमान (नौजवान) झुका और एक कुर्सी पर ढेर हो गया।

कमरा जैसे अपनी अटपटी चीजों के बारे में मेहमान को बताने में ऊहापोह की स्थिति में हो।

एक कई रंगों में छपा जर्जर कालीन था जो कभी सुन्दर फूलों से छपा रहा होगा, मटमैले फर्श की दरी पर बिछा था। दीवारों पर सजावटी अबरियों पर ऐसी तस्वीरें टंगी थीं जैसे दर-दर फिरने वाले लोगों को अपनी तरफ बुला रही हों।

दीवालगीरी पर कुछ सुराहियां, कुछ अभिनेत्रियों के फोटो, दवाइयों की शीशियों के अतिरिक्त कुछ कार्ड भी रखे थे।

एक एक करके वे सभी वस्तुएं जैसे अपने चरित्र उभारने लगीं। वे छोटी-छोटी निशानियां जिन्हें उन मेहमानों ने छोड़ा था जो कभी इस कमरे में ठहरे थे। अब अपना आकार लेने लगी थीं, और कमरे में कभी ठहरे मेहमान अब एक समूह के रूप में जैसे उभरने लगे। कालीन के फटे हिस्से से पता लग रहा था कि मेहमानों की भीड़ में एक सुन्दर औरत भी थी जिसके सैन्डिल के उलझ जाने से कालीन के कुछ धागे उधड़ गए थे। दीवार पर उंगलियों के निशान धूप और हवा में खुद को स्वतंत्र पा रहे थे। दीवार पर लगा धब्बा यह बता रहा था कि कांच की बोतल को उसमें भरे तरल पदार्थ समेत किसी बम की तरह

दीवार पर फेंक मारा गया था। ऐसा लग रहा था कि कमरे में रहने वालों ने कमरे में अपनी अपनी भड़ासें निकालीं थीं।

फर्नीचर उधड़ा सा और जगह-जगह से खरोंच लगा था। सोफे का बुरा हाल था। ऐसा लग रहा था जैसे किसी भयानक राक्षस को तलवार से चीड़ फाड़ डाला हो। अंगीठी के ऊपर बनी दीवालगीरी में गहरी दरार बनी हुई थी।

लकड़ी के फर्श पर जड़ा तख्ता चलने पर अलग-अलग कराहता सा जान पड़ता था। जैसे उसे अलग-अलग तरीके से टार्चर किया जा रहा हो।

कमरे का यह हाल उन लोगों ने किया था, जिन्होंने थोड़े समय के लिए ही सही, इसे अपना घर समझ लिया था।

कमरा जो हमारी वह झोपड़ी थी जिसे हम झाड़ते हैं, बुहारते हैं, प्यार करते हैं और खुश रहते हैं।

कमरे में कुर्सी पर बैठे नवयुवक के दिमाग में ऐसे ही विचार आ-जा रहे थे। उस कमरे में जैसे सज्जित आवाजें और खुशबुएं विचर रही थीं।

उसने अचानक हंसने की आवाज सुनी, उसे आभास हुआ जैसे कमरे में कहीं पासा फेंका जा रहा हो। कोई रो रहा हो, कहीं कोई औरत जैसे खुद से ही बात कर रही हो।

एक बैंजो जैसे मधुर ध्वनि (धुन) छेड़ रहा हो, कहीं दूर किसी ने ज़ोर से दरवाजा भड़भड़ाया। कहीं किसी दीवार पर बिल्ली ने म्याऊं किया।

तभी अचानक कमरे में एक सुगन्धित पौधे "मिगोनेट्टी" की भीनी खुशबू चारों और फैल गई। यह हवा के एक ऐसे झोंके की तरह आई थी जैसे किसी जीवित व्यक्ति का स्वागत करने आई हो।

नौजवान उतावला होकर चीखा। "ओह, डार्लिंग!" वह भीनी खुशबू जैसे उसके शरीर से लिपट गई। उसने खुशबू को अपनी बाहों में भरने के लिए हाथ फैलाए, कुछ वक्त के लिए वह मूर्छित सा हो गया।

कैसे एक सुगन्ध ने उसे आदेशात्मक स्वरों से पुकारा, जरूर कहीं कोई आवाज़ थी, पर आवाज़ ने कैसे उसे छुआ और उसकी त्वचा पर अपनी उंगलियाँ फेरीं।

"वह इस कमरे में ठहरी थी, मेरी एलिओस वेशनर ज़रूर इस कमरे में ठहरी थी।"

वह तेज़ी से उठा, वह जानता था कि कमरे में रखी किसी ऐसी चीज को जरूर पहचान लेगा, जिसे वेशनर ने छुआ हो, या जो उसकी हो। 'मिगोनेट्टी' की खुशबू उसे कितनी पसन्द थी, यही खुशबु ऐलोइस वेशनर की पहचान बन गई थी।

और यही खुशबू अब उसके शरीर से लिपट रही थी।

क्या करिश्मा था ?

कमरा जल्दबाजी में व्यवस्थित किया गया था। कमरे में रखे स्कार्फ पर आधे दर्जन हेयर पिन रखे थे। हेयर पिन जो नारी जाति की पहचान माने जाते हैं। उसने पिनों को परे कर दिया। क्योंकि हेयर पिन किसी की व्यक्तिगत पहचान नहीं बता सकते। उसने दराज़ों को छानना शुरू किया। एक दराज़ में उसे फटा सा रूमाल मिला। इससे उसने अपना चेहरा दबाया। इसमें किसी फूल की तेज़ गन्ध आ रही थी। उसने रूमाल को फर्श पर पटक दिया। एक और दराज़ में उसे कुछ बटन, एक नाटक का टिकट और एक गिरवी रखने की दुकान का कार्ड मिला। एक और दराज़ में उसे दो मिठाई के पैकेट, और एक सपनों का अर्थ समझाने वाली किताब मिली। आखिरी दराज़ में बालों में लगाने वाली काली साटन की 'बो' मिली। यह भी एक आम चीज थी। इससे किसी खास महिला का सम्बन्ध नहीं जाना जा सकता था।

उसने कमरे को इधर-उधर खंगालना शुरू किया जैसे कोई शिकारी कुत्ता नाक के दोनों ओर की गन्ध सूंघता, गन्ध के स्रोत की तरफ भागता है।

नौजवान फर्श पर बिछी दरी के कोने उठा-उठा कर पागलों की तरह कोई निशान ढूंढता रहा, कोई चीज़ ढूंढता रहा। उसने मेज़,

दीवालगीरी, आले सभी छान मारे। पर्दों के पीछे देखा। कोने की बार की रैकों में किसी निशानी को ढूंढने की कोशिश की पर व्यर्थ। उसे ऐसा कुछ नहीं मिला जिससे वह यह जान सके कि, वह वहां थी, उसके चारों ओर, उसे स्पर्श करती।

एक बार फिर वह ज़ोर चीखा "ओ! डार्लिंग!" और मुड़कर खाली स्थान को देखने लगा।

वहां कोई नहीं था।

न कोई गन्ध, न प्यार, न बाहें फैलाई कोई। और न वह 'मिगोनेट्टी' की सुपरिचित भीनी खुशबू, जो उसकी प्रेमिका ऐलोइस वेशनर की पहचान थी।

उसने दरारों में झांका, पर वहां कार्क और सिगरेट के टुकड़ों के अलावा कुछ नहीं मिला। उसे फर्श की दरी के नीचे आधा पिया सिगार मिला जिसे उसने अपने जूते की ऐड़ी से कुचल दिया।

अपनी प्यारी ऐलोइस की किसी निशानी को ढूंढने में उसने कमरे का ओर-छोर छान मारा। पर उसे अकुलीन और उदास, जगह-जगह दर-बदर घूमने वाले किराएदारों की निशानियों के अतिरिक्त कुछ न मिला।

ऐसी कोई चीज नहीं मिली जो लाली लिए सुनहरे बालों वाली दुबली पतली, लड़की जिसकी बायीं भौंह के पास मस्सा हो से जोड़ा जा सके।

एक ऐसी निशानी जो साबित करे कि उसकी प्यारी ऐलोइस वहां, उस कमरे में ठहरी थी। जिसकी आत्मा यहां मंडराती सी लगती है।

और तब उसे मकान मालकिन का ध्यान आया। वह उस भुतहा मकान के नीचे की तरफ भागा। उस दरवाजे की तरफ भागा जिसकी झीरी से रोशनी झांक रही थी।

उसके दरवाजा खटखटाने से मकान मालकिन बाहर आई।

"मैडम, क्या तुम बता सकती हो कि मैं जिस कमरे में ठहरा हुआ हूं, उसमें पहले कौन ठहरा था?" युवक जल्दी–जल्दी बोला।

"हां," मैं तुम्हें बता सकती हूं। 'स्प्राडल्स' और 'मूनी' जैसा कि मैंने कहा था, 'बीटा स्प्राउल्स', वह नाटक मंडली में थी, पर अब वह श्रीमती मूनी बन गई थी। उनका विवाह प्रमाण-पत्र सामने उस कील....।"

"मिस स्प्राउल्स देखने में कैसी थी?" युवक ने प्रश्न किया।

"क्यों पूछ रहे हो? उसके बाल काले थे सर! वह स्थूल शरीर वाली हंसमुख औरत थी। वे एक हफ्ते पहले शायद, वे मंगलवार को चले गए थे।"

"और उससे पहले?"

"उससे पहले एक अकेला व्यक्ति जो घोड़ागाड़ी के बिजनैस में था, मुझे एक हफ्ते का किराया दिए बिना ही चला गया था। उससे पहले श्रीमती 'क्राउडर' अपने दो बच्चों के साथ ठहरी थी। वह चार महीने रुकी। उससे पहले 'मि. डोयल' ठहरे थे, उनके बेटे ने उनका किराया चुकाया था। उसने यहां छः महीने निवास किया। यह एक साल पहले की बात है। इससे पहले का मुझे याद नहीं।"

युवक ने मकान मालिक को धन्यवाद दिया और अपने कमरे में वापिस लौट आया।

कमरे में श्मशान की सी शान्ति थी। वह वातावरण जो खुशनुमा था, गायब हो गया था। सुगन्धित पौधे, 'मिगोनेट्टी' की भाव भीनी सुगन्ध न जाने कहां तिरोहित हो गई थी। उसके स्थान पर पुरानी, फीकी, बासी, और गन्दे फर्नीचर की गन्ध वातावरण में व्याप्त हो गई थी।

उसकी उम्मीद टूट गई, उसका विश्वास डगमगा गया।

वह पीली गैस की रोशनी पर टकटकी लगाए बैठा था। वह उठा और कुर्सी से पलंग पर जा बैठा और चादर को अपने चाकू से पट्टियों के साइज में काटने लगा। फिर उन पट्टियों को उसने दरवाजों और खिड़कियों की हर दरार में ठूंस दिया, ताकि हवा अन्दर न आ सके।

जब वह यह सब कुछ कर चुका तो उसने बत्ती बुझा दी। और गैस को पूरा खोल दिया,फिर शान्ति से बिस्तर पर लेट गया।

मौत धीरे-धीरे उसे अपनी बाहों में समेटने लगी।

यह श्रीमती 'मैकूल' का बीयर-पान का समय था, सो उसने बीयर उठाई और श्रीमती पर्डी के पास उस जगह जा बैठी जहां वे दोनों साथ-साथ बैठकर बीयर का रसपान करतीं थीं।

"क्यों पर्डी मैडम"! मिसेज मैकूल प्रशंसा भाव से बोली "कमरों को किराए पर वह भी इस तरह के भुतहा कमरे को उठाने में तुम माहिर हो, क्या तुमने किरायेदार को उस नौजवान को बताया" वह रहस्यात्मक और फुसफुसाती आवाज में बोली। "कमरे के किराए पर उठाने के लिए फिर से ठीक ठाक कर सजा दिया था।"

"ठीक, मैडम, कमरों के किराए से ही तो हमारी रोटी रोजी चलती है। तुम्हें बिजनेस की काफी समझ है मैडम अगर किराएदारों का पता चले कि उस कमरे में लड़की ने बिस्तर पर आत्महत्या कर ली थी, तो कौन लेता उस कमरे को।"

"हां, मैडम यह सच है, एक हफ्ते पहले ही इसी दिन हम दोनों ने तीसरी मंजिल के उस कमरे को व्यवस्थित किया था, जिसमें कि वह नौजवान ठहरा हुआ है।

गांव की सी सुन्दर उस लड़की ने गैस को पूरा खोलकर आत्महत्या कर ली थी, उसका चेहरा कितना सुन्दर था, मिसेज पर्डी।"

"हां, उसे खूबसूरत कहा जा सकता है जैसा कि तुमने कहा" मिसेज पर्डी अपनी स्वीकृति देती हुई बोली। "अगर उसकी बायीं भौंह के पास वह दोषदर्शी मस्सा न होता।

चलो अपने-अपने बीयर के गिलास भरो मिसेज मैकूल।"

(यह कहानी ओ. हेनरी के कहानी संग्रह "दि फोर मिलियन" की 23वीं कहानी है। इसी संग्रह में उसकी विश्व प्रसिद्ध कहानियां 'बीस साल बाद' और 'गिफ्ट ऑफ मागी' भी हैं। 'दी फरनिश्ड रूम' में भौतिक प्रेम की अद्‌भुत कथा है। अपने से दूर हुई प्रेमिका को ढूंढने में प्रेमी न जाने कहां-कहां भटकता है।

कथा का अन्त चौंकाने वाला है जो कि ओ. हेनरी. की विशेषता थी। यह कहानी उसकी प्रेम कहानियों में 'गिफ्ट ऑफ मागी' के समकक्ष रखी जा सकती है।

निसंदेह ओ. हेनरी. फ्रांस के कहानी लेखक गे-डे-मोंपासा का अमेरिकन उत्तर है। वैसी ही रोचकता, वैसा ही क्लाइमेक्स।)

जासूसों के गुरू घंटाल

(The Sleuths)

किसी बड़े शहर में कोई इस तरह से अचानक और पूरी तरह गायब हो सकता है जैसे मोमबत्ती को फूंक मार कर कोई बुझा दे ? कानून की सारी संस्थाएं, सूंघते कुत्ते, शहर की भूलभुल्लइयों सी गलियों में ढूंढते जासूस, छिपे हुए गुप्तचर। सबको ढूंढने में लगा दिया जाए फिर भी ज्यादातर मामलों में खोया आदमी शहर में नहीं मिलता। कभी-कभी वह 'शेबोगान' में दिखाई देगा या 'टेराहारे' के जंगलों में होगा और खुद को 'स्मिथ' बता रहा होगा। या याददाश्त खोने का बहाना कर रहा होगा। जिसमें वह ग्रौशर (परचून वाला) का बिल भी भूल गया होगा।

कभी-कभी खोया आदमी नदियों में शवों के रूप में भी पाया जाता है। कभी-कभी उसे रेस्त्रांओं में देखा जा सकता है, जहां वह अच्छी तरह पकाई जानवरों की जांघ का आर्डर देकर इन्तजार करता दिखाई देगा।

व्यक्ति को इस तरह ढूंढना ऐसा ही है जैसे भूसे के ढेर में सुई को ढूंढना।

सुई एक क्षण में भी मिल सकती है या फिर महीनों ढूंढने पर भी न मिले।

मेरी सिन्डर का केस भी ऐसा ही था जो बेहद दिलचस्प है।

एक अधेड़ उम्र का व्यक्ति जिसका नाम मीक्स था पश्चिमी न्यूयार्क से अपनी बहन को ढूंढने आया था। वह थी श्रीमती मेरी सिन्डर उम्र 52 वर्ष जो एक वर्ष से गरीबों को किराए पर दिए कमरे में रह रहीं थीं, जो काफी भीड़-भाड़ वाले इलाके में था।

जब उस पते पर उसे ढूंढ़ा गया तो मालूम पड़ा कि मेरी सिन्डर एक महीने से भी ज्यादा पहले से वहां से चली गईं थीं।

किसी को भी उसका नया पता मालूम नहीं था। इमारत से बाहर निकल मि. मीक्स को इमारत के कोने पर एक पुलिसमैन दिखाई दिया, उन्होंने उसे अपनी समस्या के बारे में बताया।

"मेरी बहन बहुत गरीब है" उसने कहा "और मैं उसे ढूंढने निकला हूं। मैंने धातुओं की खानों में काफी पैसा बनाया है, मैं अपनी सम्पन्नता अपनी बहन के साथ बांटना चाहता हूं। उसके बारे में अखबारों में विज्ञापन देना बेकार है, वह पढ़ी लिखी नहीं है।"

पुलिस वाले ने अपनी मूंछों पर ताव दिया और मीक्स को ऐसे अधिकारपूर्ण भाव से देखा कि मीक्स को लगा कि पुलिसवाले को ढूंढने से पहले ही अपनी बहन के आंसुओं को अपनी नीली टाई पर टपकता महसूस कर रहा था।

"ऐसा करो तुम कनाल स्ट्रीट के पड़ोस में चले जाओ" पुलिस वाला बोला "वहां बड़े ठेले चलाने वालों से पूछताछ करो। वहां एक औरत है जो हमेशा उनसे टकरा जाती है वह तुम्हारी बहन हो सकती है अगर तुम यह नहीं करना चाहते तो थाने जाकर अपनी रिपोर्ट लिखवाओ उनसे कहो कि वे और थानों में भी एक बुजुर्ग महिला को ढूंढने के संदेश भेजें।"

पुलिस थाने में मीक्स की जाते ही सुनवाई हो गई। सभी थानों में मेरी सिन्डर को ढूंढने के अलार्म बजा दिए गए। उसके फोटो भी भेज दिए गए। जो मीक्स ने उन्हें दिए थे।

मलबेरी स्ट्रीट के प्रमुख जासूस मुलिन्स को वह केस सौंप दिया गया।

जासूस मीक्स को एक कोने में ले गया और बोला "यह कोई मुश्किल केस नहीं है पहले अपनी मूंछे साफ करो अपनी जेबों में सिगार भर के मुझे ठीक 3 बजे दोपहर वालडोर्फ कैफे में मिलो।"

मीक्स ने अक्षरश: इसका पालन किया। मीक्स जासूस से अपनी खोई बहन के बारे में जानकारी लेने लगा।

मुलिन्स बोला "न्यूयार्क एक बड़ा शहर है पर हम लोगों ने जासूसी कला को काफी व्यवस्थित कर लिया है। दो तरीके हैं जिससे हम तुम्हारी बहिन को ढूंढ सकते हैं, अगर वह जिन्दा है तो। पहले हम उनमें से एक पर अमल करेंगे, तुमने कहा वह 52 साल की है।"

"एक दो साल कम या ज्यादा" मीक्स ने कहा। जासूस मीक्स को एक राष्ट्रीय दैनिक अखबार के विज्ञापन विभाग में ले गया। वहां उसने एक विज्ञापन का मसौदा तैयार किया।

"तुरन्त आवश्यकता है 100 आकर्षक युवतियों की जो एक संगीत कार्यक्रम में कोरस गीत में शामिल हो सकें। पूरे दिन निम्नलिखित पते पर सम्पर्क करें।"

मीक्स को गुस्सा आ गया। वह बोला "मेरी बहिन एक गरीब, मेहनतकश बुजुर्ग महिला है मैं नहीं समझता इस विज्ञापन से आप उसे ढूंढने में सफल हो पाएंगे।"

"ठीक है," जासूस बोला "मेरा अनुमान है तुम न्यूयार्क को नहीं जानते, इस स्कीम से तुम्हें एतराज़ है तो हम दूसरे प्लान पर काम करते हैं। पर इसमें पैसा थोड़ा ज्यादा खर्च होगा।"

"मुझे पैसे की परवाह नहीं" मीक्स बोला "हम दूसरे प्लान पर काम कर सकते हैं।"

जासूस उसे वापिस वेलडोफ ले गया।

"दो कमरों और एक पार्लर का इन्तजाम करना होगा।" उसने सलाह दी। "चलो ऊपर चलें।"

वे जब ऊपर पहुंचे तो उन्हें एक सजे सजाए फर्निश्ड कमरे में ले जाया गया जो चौथी मंजिल पर था। मैक्स दिवभ्रमित सा हो रहा था। जासूस एक मखमली कुर्सी पर पसर गया और अपना सिगार केस निकाला।

"मैं बताना भूल गया" उसने कहा "कि कमरे महीने भर के लिए लिए गए हैं। यह तुम्हें ज्यादा नहीं लगेगा।"

"एक महीना, क्या मतलब है तुम्हारा?"

"अरे समय लगेगा इस प्लान में, मैंने पहले ही कह दिया था कि इसमें पैसा लगेगा। हमें बसन्त आने तक तो इन्तजार करना होगा। तभी नई टेलीफोन डाइरेक्टरी छपेगी, इस बात की काफी संभावना है कि तुम्हारी खोई बहन का पता उसमें हो।"

मीक्स ने तुरन्त ही उस जासूस से पीछा छुड़ाया।

दूसरे दिन किसी ने सैमरॉक जोलनेस का नाम सुझाया। जो न्यूयार्क शहर का नामी जासूस था। उसकी फीस मोटी थी पर उसने उलझे अपराधों और रहस्यों को सुलझाने में चमत्कार कर दिखाए थे।

दो घन्टे के लंबे इन्तजार के बाद जोलेनेस के फ्लैट पर मीक्स को उस प्रसिद्ध जासूस के सामने पेश किया गया। जासूस एक बैंगनी गाउन में एक बड़ी मेज के पीछे बैठा था। एक पत्रिका उसके हाथों में थी, जिसमें वह एक अपराध पहेली को सुलझाने की कोशिश में था।

यह मशहूर जासूस पतला था और चेहरे मुहरे से बुद्धिमान लगता था।

उसका इतना ही परिचय काफी है। मीक्स ने अपनी समस्या बताई।

"मेरी फीस सफल होने पर 500 डॉलर है" सैमरॉक जोलनेस ने मीक्स से कहा।

मीक्स ने फीस की हामी भर दी। "मैं तुम्हारा केस ले लूंगा मिस्टर मीक्स" जोलनेस ने घोषणा की। न्यूयार्क शहर में लोगों का खो जाना मेरे लिए दिलचस्पी का कारण है।"

मुझे एक केस याद आता है जिसे मैंने एक साल पहले सुलझाया था। एक क्लार्क परिवार अचानक ही अपने छोटे से फ्लैट से गायब हो गया। मैंने दो महीने फ्लैट की निगरानी की कि कोई सुराग मिल जाए। एक दिन मैंने देखा कि दूधवाला और परचून वाले का नौकर हमेशा ही इमारत के पिछली तरफ जाते हैं और सामान पहली मंजिल में ले जाते हैं। उनका पीछा करते हुए मैंने उस खोए क्लार्क परिवार का पता लगा लिया। वे इमारत के हाल के पीछे वाले फ्लैट में चले गए थे और वहां उन्होंने अपना नाम बदल कर 'क्राल्क' रख लिया था।

सैमरॉक जोलनेस और उसका मुवक्किल उस इमारत में पहुंचे जहां मेरी सिन्डर रहती थी। उसके गायब होने के बाद कमरे को किसी ने नहीं लिया था।

वह खाली था।

कमरा छोटा था और धुंधला सा था और कोई खास फर्नीचर भी कमरे में नहीं था। मीक्स एक टूटी कुर्सी पर बैठ गया।

उधर हमारा महान् जासूस दीवारों की, फर्श की, टूटे फर्नीचर के टुकड़ों की किसी सुराग के लिए जांच करने लगा।

आधे घन्टे बाद जोलनेस ने अजीब सी वस्तुएं इकट्ठी कर लीं। इनमें थी एक सस्ती टोप में लगाने की पिन, एक नाटक के किसी प्रोग्राम का टिकट वह भी फटा, एक छोटा फटा कागज जिस पर लिखा था बाएं और दो अक्षर और थे सी-12।

सैमरॉक जोलनेस दीवालगीरी पर हाथ टिका उस पर अपना सिर रखे कुछ सोचता रहा। उसके चतुर चेहरे पर गंभीरता के भाव उभरे।

10 मिनट बाद उसने कहा।

"आओ मिस्टर मीक्स, समस्या का हल मिल गया है, मैं आपको सीधे उस जगह ले चलता हूं जहां आपकी बहन रह रही है। तुम्हें उसके हालात की चिन्ता करने की जरूरत नहीं आजकल उसके पास अच्छी खासी रकम होनी चाहिए।"

मीक्स खुशी और हैरानी के मिले जुले भाव से झूम उठा। "तुमने यह सब कैसे किया?" प्रशंसित दृष्टि से जोलनेस को देखता मीक्स ने पूछा।

जोलनेस की एकमात्र कमजोरी यह थी कि उसे अपनी व्यावसायिक सफलता पर बड़ा गर्व होता था। उसे अपनी सफलता की कहानी किसी को भी सुनाने में घोर आनन्द मिलता था। मीक्स के सवाल के उत्तर में जोलनेस का बयान कुछ यूं था।

"हटा कर, मैंने शहर के उन हिस्सों को हटाना शुरू किया जहां तुम्हारी बहिन नहीं हो सकती थी।"

तुम यह हैट का पिन देख रहे हो इससे 'बुकलिन' को भी इसमें से घटा देते हैं।

बुकलिन ब्रिज से कोई औरत बस नहीं पकड़ेगी। क्योंकि सीट की मारामारी में हैट अक्सर गिर जाता है। इस हैट पिन के यहां रहने का अर्थ है वह बुकलिन में नहीं हो सकती।

अब मैं बताऊंगा कि हैरलैम भी वह नहीं गई होगी। इस दरवाजे के पीछे दो खूंटियां हैं, इनमें से एक में मिसेज सिन्डर ने अपना हैट टांगा था, और दूसरे पर अपनी शॉल टांगी थी।

तुम देखोगे कि शॉल के पीछे की दीवार पर एक तैलीय लकीर खिंची हुई है। निशान बिल्कुल साफ है जो साबित करता है कि शॉल पर कोई झालर नहीं है। क्या ऐसा कोई केस देखा है जिसमें एक अधेड़ औरत एक ऐसी शॉल पहने हैरलैम की ट्रेन पकड़ेगी जिसमें झालर न हो ताकि गेट में फंस जाए और पीछे खड़ी सवारियों को अटका दे।

इसलिए हैरलैम को भी हटाना पड़ेगा।

इस तरह परिणाम यह निकला कि मिसेज सिन्डर बहुत दूर नहीं गई होंगी। इस फटे कार्ड पर लिखा है 'लैफ्ट' एक अक्षर C और अंक है 12, मुझे पता है कि 12 नम्बर कोलोनी का 'सी' ब्लॉक प्रथम श्रेणी का छात्रावास है जिसका खर्चा तुम्हारी बहिन नहीं उठा सकती। मैंने सुरागों में नाटक के प्रोग्राम का यह तुड़ा मुड़ा कागज का टुकड़ा भी उठाया था। इसका क्या मतलब है? तुम्हारे लिए इसका कुछ अर्थ नहीं मि. मीक्स क्योंकि यह उसके लिए जानकारी है जिसका प्रशिक्षण और आदतें छोटी चीजों में भी सुराग ढूंढ लेती हैं।

तुमने कहा कि तुम्हारी बहिन झाड़ू पोंछा करती थी। उसने हॉल का फर्श साफ किया होगा। हमें कल्पना करनी चाहिए कि उसने ऐसा इसलिए किया होगा ताकि वह नाटक में अभिनय कर सके। कीमती जेवर कहां खोते हैं मि. मीक्स, थियेटर में और कहां? जरा प्रोग्राम के कागज पर गौर करो उसे किसी अंगूठी के रखने के लिए प्रयोग किया गया है। शायद वह अंगूठी बेशकीमती रही होगी। थियेटर का फर्श साफ करते यह अंगूठी तुम्हारी बहन को मिल गई होगी। उन्होंने झटपट प्रोग्राम के कागज को फाड़ा और उसके एक टुकड़े में अंगूठी को लपेट अपने शरीर में कहीं छुपा लिया। दूसरे दिन उन्होंने अंगूठी बेच दी। जेब गर्म होते ही वे अच्छी और आरामदायक जगह में चली गईं। जब मैं ज़ंजीर की इतनी कड़ियां पार कर चुका हूं तो आखिरी कड़ी मुझसे क्या दूर है, जो है नम्बर 12 ऐवेन्यू 'सी'। मि. मीक्स हमें तुम्हारी बहिन वहीं मिलेगी।"

शरलॉक होम्स ने सफलता की मुस्कान के साथ किसी दक्ष कलाकार की तरह अपना भाषण समाप्त किया।

मीक्स का महान् जासूस के प्रति आदरभाव शब्दों में बयान नहीं किया जा सकता था।

दोनों साथ साथ 12 नम्बर के 'सी' ब्लॉक पहुंचे। वह कत्थई पत्थरों का पुरानी तरह का मकान निकला जो संभ्रांत पड़ोस में स्थित था।

उन्होंने घर की घंटी बजाई, वहां पूछने पर पता चला वहां कोई श्रीमती सिन्डर नहीं रहती थीं और पिछले छ: महीनों से तो वर्तमान किराएदार ही उस फ्लैट में रह रहे थे।

जब वे फुटपाथ से गुजर रहे थे तो मीक्स ने उन सुरागों पर गौर किया जिन्हें मेरी सिन्डर के कमरे से हासिल किया गया था।

"मैं कोई जासूस तो नहीं हूं" नाटक प्रोग्राम के कागज को सूंघते हुए मीक्स ने टिप्पणी की "ऐसा लगता है कि इसमें किसी अंगूठी को नहीं बल्कि पिपरमेन्ट की गोली को लपेटा गया था। और कागज के जिस टुकड़े पर नं. 12 और C और बायां लिखा है वह बायीं पंक्ति का सीट कूपन है।"

सैमरॉक जोलनेस जैसे शून्य में कहीं देख रहा था। फिर उत्साह से बोला "तुम्हें जागिन्स के पास जाना चाहिए।"

"ये जागन्सि कौन है?" मीक्स ने पूछा।

"वह लीडर है" जोलनेस बोला एक नए जासूसी सम्प्रदाय का, जो आधुनिक है। उनके तौर तरीके हमसे अलग हैं। पर ऐसा समझा जाता है कि जागिन्स ने ऐसे केस सुलझाएं हैं जो बेहद उलझे हुए थे। मैं तुम्हें उनके पास ले चलता हूं।

वे दोनों महानतम् जासूस जागिन्स के ऑफिस पहुंचे।

वह एक ठिगना सा व्यक्ति था, जिसके सिर पर कम ही बाल थे। वह 'नाथानेल हार्थोन' की कोई किताब पढ़ रहा था।

जासूसी के दो भिन्न सम्प्रदायों के दो महान् जासूसों ने औपचारिक हाथ मिलाया।

मीक्स का परिचय कराया गया।

"वास्तविकता बताओ" अपनी पुस्तक से ध्यान हटाए बिना जागिन्स ने मीक्स को आदेश दिया।

जब मीक्स का बयान समाप्त हुआ तो जागिन्स ने पुस्तक बन्द की और बोला।

"जैसा कि मैं समझता हूं तुम्हारी बहन 52 वर्ष की है जिसकी नाक के पास एक मस्सा है और वह गरीब विधवा है और झाड़ू पोंछा करके किसी तरह अपना गुजारा करती है। देखने सुनने में साधारण सी घरेलू महिला लगती है।"

"आपने ठीक समझा ऐसी ही है वह।" मीक्स ने स्वीकार किया।

जागिन्स उठा और उसने अपना हैट पहना। "मैं पन्द्रह मिनट में" वह बोला "तुम्हारी बहन के पते के साथ वापिस लौटूंगा।"

सैमरॉक जोलनेस का चेहरा फीका पड़ गया। वह खिसियानी हंसी हंसा।

निश्चित समय में जागिन्स वापिस लौटा, उसके हाथ में कागज का एक पुर्जा था।

"तुम्हारी बहन 'मेरी सिन्डर' चिल्टन स्ट्रीट के कमरा नं. 162 में मिलेगी। वह हाल के पीछे वाले कमरे में है। जो पांचवीं मंजिल पर है। इमारत यहां से 5 ब्लॉक की दूरी पर है।" वह मीक्स से सम्बोधित हुआ। "अगर तुम वहां जाकर इस बात की सच्चाई का पता लगाओ तो कैसा रहेगा। तब तक मिस्टर जोलनेस तुम्हारा यहीं इन्तजार करेंगे।"

मीक्स भागा गया और 20 मिनट में ही वापिस लौट आया।

"वह वहीं है और बिल्कुल ठीक है।" वह चिल्लाया "अपनी फीस बताओ।"

जागिन्स ने एक विजयी मुस्कार मीक्स पर डाली और बोला "दो डॉलर।"

जब मीक्स उसको फीस चुका कर चला गया तो सैमरॉक जोलनेस जागिन्स से पहले उठ खड़ा हुआ।

"अगर तुम अन्यथा न लो तो क्या मुझे बता सकते हो कि तुमने—यह......कैसे? अगर तुम्हें एतराज़ न हो।" जोलनेस झिझकता सा जागिन्स से पूछने लगा।

"बिल्कुल नहीं" जागिन्स हर्षित स्वर में बोला। "मैं तुम्हें बताता हूं मैंने यह कैसे किया।

तुमने मिसेज सिन्डर कैसी लगती हैं इसका सांगोपांग वर्णन सुना। क्या तुम ऐसी किसी औरत को जानते हो जो अपने क्रेयन पेन्सिलों से बने व्यक्ति चित्र (Portrait) की फीस की साप्ताहिक किश्त जमा नहीं कर पाई हो। देश का सबसे बड़ा ऐसा स्टुडियो पास ही है। नाक के मस्से की वजह से वह अलग से पहचानी जा सकती थी। और तुम तो जानते हो पोर्ट्रेट स्टुडियों में उसके मिलने की ज्यादा संभावना थी।

मैंने वही किया। स्टुडियो तो पास ही था इसीलिए मैंने 15 मिनट का समय मांगा। स्टुडियो के रजिस्टर में उसका नाम और बकाया किश्तों की राशि दर्ज थी।

चुटकियों में मिसेज सिन्डर का पता चल गया।"

जैसे दुम दबाए कुत्ता निकल भागता है वैसे ही सैमरॉक जोलनेस जागिन्स के ऑफिस से तेजी से निकल गया।

(जिस कालखंड की यह कहानी है तब फोटो स्टुडियो इतने लोकप्रिय नहीं थे। बड़े शहरों में ही ये होते थे। तब चित्रकार ही व्यक्ति को सामने बिठाकर चित्र (Portrait) बना दिया करते थे। गरीब या अमीर दोनों वर्ग के लोग चित्रकारों से अपने व्यक्ति चित्र बनवाया करते थे। क्रेयन पेन्सिल का चित्र सस्ता होता था, गरीब लोग अपना पोर्ट्रेट इस सस्ते माध्यम से बनवा लेते थे। अमीर लोग ऑयल कलर के माध्यम से अपने पोर्ट्रेट बनवाते थे, जो अपेक्षाकृत लंबा, वक्तखाऊ और महंगा तरीका था। जागिन्स ने इसी पर अपना दांव लगाया और पहले ही प्रयास में सफल हो गया।

यह कहानी ओ. हेनरी के कहानी संग्रह 'सिक्सेस एंड सेवन' ली गई है जो कि इस संकलन की दूसरी कहानी है। कहानी रोचक और सुखद अंत लिए है। यह अद्भुत बात है कि ओ. हेनरी आशावादी था इसलिए वह पाश्चात्य परंपरा के विरूद्ध इस कथा को सुखद अन्त

तक ले आया। पाश्चात्य परंपरा में नायक की मृत्यु दिखाना ही लेखक को भाता है। भारतीय परंपरा में ऐसा नहीं है। यहां नायक विजयी होता है। रामायण में राम विजयी हैं, महाभारत में पांडव जीतते हैं। यहां तक कि पंचतंत्र की बोध कथाओं में भी ऐसा ही है।)

ओ. हेनरी की जीवन यात्रा के पन्ने

11 सितंबर 1862 को उत्तरी कारोलीना के ग्रीनबोरों में विश्व साहित्य के एक नक्षत्र का जन्म हुआ, जिसके लिए उसके माता पिता ने उसे विलियम सिडनी पोर्टर का नाम दिया। पिता थे डॉक्टर ऐल्जेरनोन सिडनी पोर्टर (1825-88) माता थीं मेरी जेन वरजीनिया स्वैम पोर्टर (1833-65) उनका विवाह 20 अप्रैल 1858 को हुआ था।

जब 'ओ. हेनरी' की उम्र तीन वर्ष की थी तो उसकी मां का 'तपेदिक' से देहान्त हो गया। उन दिनों इस रोग की एक मात्र औषधि पेन्सिलीन शायद उपलब्ध नहीं थी।

अपनी पत्नी की मृत्यु के बाद ओ. हेनरी के पिता अपने पुश्तैनी मकान में रहने चले गए। बचपन से ही ओ. हेनरी को पढ़ने का शौक था और उसकी प्रिय पुस्तकें थीं "एक हजार एक रातें" और बर्टन की 'एनोटोनी ऑफ मैलेंकली'।

1876 में उसकी प्रारंभिक शिक्षा अपनी चाची के एक स्कूल में हुई। उसके बाद उसका प्रवेश लिंडसे स्ट्रीट हाई स्कूल में कराया गया। पर उसकी चाची उसे तब तक टयूशन देती रहीं जब तक कि वह 15 वर्ष का नहीं हो गया।

1881 में वह अपने चाचा की दवाइयों की दुकान में काम करने चला गया। 19 वर्ष की उम्र में उसे फार्मासिस्ट का लाइसेंस मिल गया। ड्रग स्टोर में काम करते हुए भी वह कस्बे के लोगों के व्यक्ति चित्र बनाता रहता था। यहां यह कहना आवश्यक होगा कि ओ. हेनरी की चित्रकला/संगीत और लेखन तथा वाद्य बजाने में काफी रूचि थी। वह कोरा लेखक ही नहीं था।

इन्हीं दिनों उसे खांसी रहने लगी तो स्वास्थ्य लाभ करने के लिए वह डॉ. 'जेम्स. के. हॉल' के साथ 1882 में गांवों की तरफ चला गया। वहां उसने भेड़ों के बाड़े के मालिक रिचर्ड हॉल के यहां अपने रहने की व्यवस्था कर ली।

वहां डॉक्टर जेम्स के बेटे ने उसकी बड़ी सेवा की, वहां ओ. हेनरी भेड़े भी चराता, बाड़े के काम में हाथ बटाता, खाना भी बनाता और बच्चों की भी देखभाल करता।

पशु पालकों के बीच रहते ओ. हेनरी ने स्पेनिश और जर्मन भाषाएं उन लोगों से सीखीं जो बाड़ों में काम करते थे।

पशुशालाओं में रहते गांवों की ताजा हवा का सेवन करते ओ. हेनरी का स्वास्थ्य सुधरने लगा, और 1884 में उसने रिचर्ड के साथ ऑस्टीन की यात्रा की। ऑस्टीन उसे अच्छा लगा और वह वहां ही रुक गया और हैरर्ल्स परिवार के साथ रहने लगा। जो रिचर्ड के मित्र थे।

आगे के कुछ वर्षों में पोर्टर (ओ. हेनरी) ने कई प्रकार के काम किए। वह फार्मासिस्ट भी रहा, ड्राफ्टमैन का भी काम किया। बैंक में खजांची भी रहा, और पत्रकारिता पर भी उसने हाथ आजमाया।

ऑस्टीन में ओ. हेनरी ने काफी सक्रिय जीवन जिया, वह वहां नाटक मंडली का भी सदस्य था। वह अच्छा गायक था, और संगीतकार था। उसे गिटार और मेन्डोलिन बजाना खूब आता था। वह "हिल सिटी क्वारटेट" का भी सदस्य था, यह उन नौजवानों की संस्था थी जो भीड़ के मनोरंजन के लिए गाने गाते थे। या किसी युवा महिला की खिड़की के नीचे गीत गाने के लिए इकट्ठे हो जाते थे।

यहीं उसकी भेंट अपनी भावी पत्नी से हुई। वह थी 'एथोल एट्स' जो सत्रह वर्ष की सम्पन्न परिवार की लड़की थी। लड़की की मां ने उनके विवाह पर एतराज़ उठाया क्योंकि एथोल बीमार थी और तपेदिक से पीड़ित थी।

1 जुलाई 1887 को पोर्टर (ओ. हेनरी) एथोल को लेकर भाग गया और रेवरेन्द्र में 'आर. के. स्मूट' के घर पर एथोल से शादी कर ली।

शादी के बाद उसे 'टेक्सास जनरल लैंड ऑफिस' में 100 डॉलर प्रति माह के वेतन पर ड्राफ्टमैन की नौकरी मिल गई जो विवाहित पोर्टर के भरण पोषण के लिए पर्याप्त थी। 1891 में उसने इस नौकरी से त्याग-पत्र दे दिया।

इसी वर्ष उसने ऑस्टीन की 'फर्स्ट नेशनल बैंक ऑफ ऑस्टीन' में खजांची की नौकरी कर ली। वेतन वही था जो G.L.O. में था।

बैंक की व्यवस्था ज्यादा चुस्त-दुरूस्त नहीं थी। उस पर ओ. हेनरी भी जरा लापरवाह किस्म का था, लिहाजा जब वार्षिक ऑडिट हुआ तो 1000 डॉलर की गड़बड़ी पाई गई। बैंक ने उसे इसके लिए जिम्मेदार माना और उसे नौकरी से निकाल दिया। गनीमत यह हुई कि उस पर कोई कानूनी कार्यवाही नहीं की गई।

नौकरी छूटने पर उसने हास्यरस का एक साप्ताहिक निकाला 'दी रोलिंग स्टोन'। यह पत्र उसने बैंक में काम करते हुए ही प्रकाशित करना शुरू कर दिया था। पत्र को अप्रैल 1895 में आर्थिक कारणों से बन्द करना पड़ा।

इसी वर्ष वह अपने परिवार के साथ हूस्टन चला आया। जहां उसने 'पोस्ट' के लिए लिखना शुरू किया।

अभी वह हूस्टन में ही था कि केन्द्रीय सरकार के ऑडीटरों ने फर्स्ट नेशनल बैंक की लेखा परीक्षा की। 1000 डॉलर गायब पाए गए, जिसकी वजह से ओ. हेनरी की नौकरी से हाथ धोना पड़ा था, केन्द्रीय लेखाकारों ने उसे गिरफ्तार करवा दिया।

उसके ससुर ने उसे जेल से बाहर रखने के लिए उसकी जमानत करवा दी। उसे 7 जुलाई 1896 को अदालत में पेश होना था। वह कोर्ट जाने के लिए ट्रेन बदल रहा था कि उसका दिमाग पल्टा और वह पहले न्यू ओरलिंस और बाद में 'हौन्डयूरास' भाग गया। उस

समय अमेरिका की बन्दी-हस्तान्तरण की कोई सन्धि ओरलींस के साथ नहीं थी।

किस्मत की मार, उसकी पत्नी अपनी बीमारी की वजह से उससे मिलने के लिए हौन्डयूरास की यात्रा नहीं कर सकती थी। जब ओ. हेनरी को पता चला कि उसकी पत्नी एथोल मृत्यु-शैय्या पर है तो फरवरी 1897 में उसे एथोल के लिए ऑस्टीन लौटना पड़ा। वहां उसने अदालत के सामने आत्मसमर्पण कर दिया।

एक बार फिर उसके ससुर ने उसकी जमानत की अर्जी कोर्ट में लगा दी, ताकि वह ऑस्टिन और बच्ची मार्गरेट के साथ रह सके। अर्जी स्वीकृत हुई।

25 जुलाई 1897 को एथोल की मृत्यु हो गई। फरवरी 1898 को अदालत ने उसे गबन का अपराधी माना और उसे पांच वर्ष की सजा हो गई।

यह मार्च 25, 1898 का दिन था। उसे अब कैदी के रूप में ओहियो पेनीटेन्टीएरो कोलम्बस ओहियो की जेल में सजा काटनी थी।

ओ. हेनरी एक प्रमाणित फार्मासिस्ट था, इसलिए जेल में भी उसे यही काम दिया गया। उसे जेल के अस्पताल में रात्रि की ड्यूटी में लगा दिया गया। अस्पताल में ही उसे अलग से भी एक कमरा दिया गया। ऐसा कोई रिकार्ड नहीं मिलता जिसमें यह दिखाया गया हो कि उसने जेल की कोठरी वाले हिस्से में समय बिताया हो।

जेल में रहते ही उसने कई कहानियां लिखीं जिन्हें उसका मित्र ओ. हेनरी के नाम से पत्रिकाओं में भेज देता था। संपादकों को कभी यह पता नहीं लग पाया कि इनका लेखक 'ओहियो' की जेल में सजा काट रहा है। यहां तक कि उसकी बेटी मार्गरेट जो कि अब 11 वर्ष की हो चुकी थी को भी यह नहीं बताया गया कि उसका पिता जेल में सजा काट रहा है। बेटी को इसी भ्रम में रखा गया कि वह तो बिजनेस टूर पर बाहर गया है।

अच्छे व्यवहार के कारण उसे 24 जुलाई 1901 को 3 साल बाद छोड़ दिया गया।

1902 में वह न्यूयार्क चला आया। जहां वह एक सप्ताह प्रति कहानी की दर से 'न्यूयॉर्क वर्ल्ड सन डे मैगजीन' के लिए कहानियाँ लिखता रहा।

उसकी कहानियों की कथावस्तु, चरित्र चित्रण और अन्त इतना चमत्कारिक होता था कि वह पाठकों में अत्यन्त लोकप्रिय हो गया।

उसने 1907 में अपनी बचपन की मित्र 'सैली सराह लिन्डसे' से शादी कर ली।

ओ. हेनरी विकट शराबी था। इससे उसका स्वास्थ्य गिरने लगा। उसका लेखन भी इससे प्रभावित होने लगा।

1909 में उसकी दूसरी पत्नी सराह उसे छोड़ कर चली गई।

5 जून 1910 को जिगर के बढ़ जाने से उसकी मृत्यु हो गई। उसे यकृत-रोग, मधुमेह और ह्रदय की सूजन के रोग भी थे।

उसे ऐशेविले की रिवरसाइड सीमेट्री में ससम्मान दफना दिया गया।

उसकी बेटी मार्गरेट वर्थ पोर्टर ने कार्टूनिस्ट 'आस्कर सीजर' से विवाह किया।

उसकी तपेदिक (Tuberclosis) से 1927 में मृत्यु हो गई।

अपने पिता ओ. हेनरी की समाधि के साथ ही उसे भी दफनाया गया।

जन्म ; विलियम सिडनी पोर्टर 11 सितम्बर, 1862

स्थान ; ग्रीनहोरो नार्थ कैरोलीना

मृत्यु ; 5 जून 1910 (आयु 47 वर्ष) न्यूयार्क।

लिखने का नाम ; ओ. हेनरी, ओलीवियर हैनरी, ओलीवर हेनरी।

व्यवसाय ; स्वतंत्र लेखन

राष्ट्रीयता ; अमेरिकन।

ओ. हेनरी के उपनाम की अद्भुत कथा

सिडनी पोर्टर ने अपने नाम ओ. हेनरी. के बारे में 'दी न्यूयॉर्क टाइम्स' में एक साक्षात्कार दिया था। उसमें उसने इस नाम के तथ्यों पर प्रकाश डाला था।

मैंने अपना नाम ओ. हेनरी. 'न्यूऔरलीन्स' के दिनों में रखा था। मैंने अपने एक मित्र को कहा "मैं काफी सारा लेखन बाहर भेज रहा हूं, यह परिमाण अधिक है, इसके लिए मैं कोई साहित्यिक नाम चाहता हूं। ऐसा कोई नाम चुनने में मेरी मदद करो।" उसने मुझे सलाह दी कि क्यों न हम यह नाम अखबारों में ढूंढें। हमने सोसाइटी कॉलम में एक फैशनेबुल समारोह के कुछ अच्छे नामों को ढूंढ़ना शुरू किया। मेरी नजर 'हेनरी' पर रुकी। "यह अंतिम नाम के लिए ठीक है" मैंने कहा "अब प्रथम नाम की समस्या फिर सामने है, मुझे संक्षिप्त नाम चाहिए था" मेरे मित्र ने कहा "तुम एलफाबेट का एक अक्षर ही क्यों नहीं चुन लेते?" "बहुत अच्छा" मैंने कहा। 'O' ही ऐसा अक्षर है जो सबसे ज्यादा सुगमता से लिखा जाता है। 'O' ही क्यों नहीं। इस तरह पूरा नाम ओ. हेनरी. बन गया।

"एक अखबार ने O का पूरा अक्षर पूछा। मेरा उत्तर था ओ 'ओलीवर' है, मेरी कहानियां उस अखबार में 'ओलीवर हेनरी' के नाम से छपतीं रही।"

एक परिचय लेख में जो "दी वर्ल्ड ऑफ ओ. हेनरी" रोड ऑफ डेस्टनी एंड अदर स्टोरीज' के लिए लिखा गया था, में लेखक विलियम ट्रेवर ने लिखा है कि जब विलियम सिडनी पोर्टर गबन के अपराध में ओहियो स्टेट पैनीटेनटिएरो जेल में सजा काट रहा था तो वहां एक गार्ड का नाम 'Orrin Henry' (ओरीन हेनरी) था। पोर्टर ने अपने को छुपाने के लिए उसी गार्ड का नाम अपना लिया। बहुत संभव तो यह दिखता है कि वह अपनी डाक इस गार्ड के नाम और पते पर मंगाता रहा हो, आखिर उस जेल में उसने 5 साल काटने थे।

एक विद्वान 'गार्ड डैवनपोर्ट' के अनुसार उसने अपना नाम ओ. हेनरी जेल के नाम पर रखा।

जेल का नाम ओहियो पेनीटेन्टीएरी था उसने 'ओहियो से ओ. हे लिया। और पेनी से 'नी' और 'एरी' से 'री' ले लिया, इस तरह उसने जेल के नाम से ही 'ओ. हेनरी' बना लिया।

फिर यही नाम विश्व प्रसिद्ध हुआ।

ओ. हेनरी की मृत्यु के बाद के सम्मान

1. ओ. हेनरी एवार्ड एक सम्मानजनक पुरस्कार है जो लघु-कथाओं पर दिया जाता है।

2. 1952 में उसकी 5 कहानियों पर फिल्म बनीं जिसका नाम था 'ओ. हेनरीज फुल हाउस'

3. ऑस्टिन में 'ओ. हेनरी हाउस' और 'ओ. हेनरी हॉल' दोनों उसी के नाम पर हैं।

'ओ. हेनरी हॉल' टेक्सास यूनिवर्सिटी के स्वामित्व में हैं। पहले यहां अदालत हुआ करती थी। इसी अदालत में ओ. हेनरी को गबन के अपराध में 5 वर्ष की सजा सुनाई गई थी। अच्छे व्यवहार के कारण उसे तीन वर्ष में ही रिहा कर दिया गया था।

4. जिन-जिन स्कूलों में वह पढ़ा उन सबके नाम उसी के नाम पर रख दिए गए हैं।

5. ग्रीन्सबोरो जहां उसका जन्म हुआ था, में एक होटल का नाम ओ. हेनरी होटल रख दिया गया है।

6. सितम्बर 11 सन 2012 को अमेरिकन डाक विभाग ने ओ. हेनरी की 150वीं जयन्ती पर एक डाक टिकट जारी किया था।

उनकी कौन सी कहानी सर्वश्रेष्ठ थी

ओ. हेनरी जब एक साहित्यिक पत्रिका का सम्पादक था तो एक लेखक ने इस बात का एक सर्वे किया कि उसकी कौन सी कहानी सर्वश्रेष्ठ थी और उसकी 250 कहानियों में 10 श्रेष्ठ कहानियां चुनी जाएं तो वे कौन सी होंगी।

यह लेखक ओ. हेनरी के लोकप्रिय लेखन और उसकी कहानियों की श्रेष्ठता जानने का उत्सुक था। उसने एक महिला को ओ. हेनरी की सभी कहानियों के 10 ग्रन्थ दिए। इस महिला को उसने '1000वां पाठक' के नाम से पुकारा। महिला ने इससे पहले ओ. हेनरी की कोई भी कहानी नहीं पढ़ी थी।

एक महीने तक महिला लगातार आधुनिक युग के 'शहरज़ाद'* की 250 कहानियां पढ़ती रही। जब वह पढ़ चुकी तो लेखक ने उससे कहा कि वह उन दस कहानियों की क्रमवार सूची बनाए जो उसे सर्वश्रेष्ठ लगीं।

सूची इतनी आश्चर्यजनक थी कि ओ. हेनरी की कहानियों पर एक विचार-गोष्ठी की आवश्यकता अनुभव की गई।

इस '1000वां पाठक' की सूची इस प्रकार थी।

1. ए म्युनिसिपल रिपोर्ट
2. दी पेन्डुलम
3. ए ब्लैकजैक बारगेनर
4. ए रिट्रीक्ड रिफोरमेशन

---

* शहरज़ाद बादशाह की वह पत्नी थी जिसने उसे 1000 कहानियां सुनाईं थी। बाद में उसकी कहानियों पर आधारित पुस्तक का नाम '1000 रातें' पड़ा।

5. दी फर्निश्ड रूम

6. दी हायपोथीसिस केलुमर

7. रोड ऑफ डेस्टनी

8. नेक्स्ट टू रीडिंग मैटर

9. दी एनचैनटेड प्रोफाइल

10. टू रेनेगेज्ड

विचार गोष्ठी में उसने तीन अन्य व्यक्तियों को भी शामिल कर लिया जो स्वयं कहानी लेखक थे। वे थे, बूथ टारकिंगटन, ओ वेन जॉनसन और बार मैकटचेइओन।

टारकिंगटन ने सूची पर अपनी प्रतिक्रिया देते हुए कहा; ये '1000वें पाठक' की सूची में जो 10 सर्वश्रेष्ठ कहानियां हैं वे ओ. हेनरी की सर्वोत्तम कहानियां नहीं हैं। टारकिंगटन ने अपनी पसन्द की जो सूची बनाई वह निम्नलिखित थी।

1. दी रेनसम ऑफ दी रेडचीफ

2. दी हारविंगर

3. दी पासिंग ऑफ ब्लैक इगल

4. स्कैअरिंग दी सर्किल

5. पास्ट वन एट दी रूबी

6. दी हैन्ड बुक ऑफ हायमन

7. स्ट्रिक्टली बिजनेस

8. दी क्लैरियन काल

9. जैफ पीटर्स एज ए. पर्सनल मैगनेट

10. दी मूमेन्टो

ओवेन जानसन की सूची अन्य तरह की थी। वह थी।

1. ए अनफिनिश्ड स्टोरी

2. ए म्युनिसिपल रिपोर्ट

3. दी रोज ऑफ डिक्सी

4. ए लिकपैनी लवर

5. एकारडिंग टू देअर लाइट्स

6. मैमन एन्ड दी आर्कर

7. दी डिफीट ऑफ दी सिटी

8. दी गर्ल एन्ड दी ग्राफ्ट

9. दी सैमरोक एन्ड दी पाम

10. दी पेन्डलम

तीसरे लेखक की सूची उपरोक्त दोनों से भिन्न थी। जो इस प्रकार थी।

1. दी टेल ऑफ ए टेन्टेउ टेनर

2. लैट मी फील योर पल्स

3. ए फोग इन सेनटोन

4. दी लोस्ट ब्लेन्ड

5. दी डुप्लीसिटी ऑफ हारग्रेव्स

6. दी मैरक्यूस एन्ड मिस सैली

7. दी गिफ्ट ऑफ मागी

8. ए कोरूमोपोलिटन इन कैफे

9. एकारडिंग टू देअर लाइट्स

10. दी मेकिंग ऑफ ए न्यूयार्कर

कोई कितना ही अच्छा लेखक क्यों न हो। उसका सभी सर्वश्रेष्ठ नहीं होता। मुन्शी प्रेमचन्द ने 300 से ऊपर कहानियां लिखीं पर अगर उनमें से सर्वश्रेष्ठ छांटी जाए तो उनकी गिनती 40 तक भी नहीं पहुंचेगी। ऐसा ही ओ. हेनरी के साथ भी है। उसकी 251 कहानियों में 10 सर्वश्रेष्ठ तो निश्चय ही मिल जाएंगी। पर पाठकों की रुचि के अनुसार वे भिन्न भिन्न होंगी। उसकी सभी 251 कहानियां सर्वश्रेष्ठ नहीं हैं। न हो सकती हैं।

बम्बई का फिल्म जगत लगभग 100 फिल्में प्रति वर्ष बनाता है। अगर हम इसे 70 वर्षों से या 80 वर्षों से जोड़े तो 8000 फिल्मों की संख्या आती है। इन 8000 फिल्मों में क्या आप 200 ऐसी फिल्में निकाल सकते हैं जो कला, मनोरंजन और प्रस्तुति में सर्वश्रेष्ठ हों और जो मुग़ले आज़म, मदर इंडिया,बैजू बावरा या झनक झनक पायल बाजे अथवा दो आंखें बारह हाथ की टक्कर की हों। संभवत: नहीं।

ओ. हेनरी की कहानियों की श्रेष्ठता के मानदंड में जिसकी अंतिम राय ली गई वह भावनात्मक रूप से ओ. हेनरी से जुड़ी महिला थी, श्रीमती विलियम सिडनी पोर्टर। जो ओ. हेनरी की पत्नी थी। उन्होंने कहा कि यह बहुत मुश्किल काम है कि मैं अपने पति की 10 सर्वश्रेष्ठ कथाएं चुनूं। पर एक कहानी तुरन्त ही मेरे दिमाग में आ रही है, और वह है "ए म्युनिसिपल रिपोर्ट।

उनकी सूची इस प्रकार थी।

1. ए. म्युनिसिपल रिपोर्ट
2. दी फिफ्थ व्हील
3. ए लिकपैनी लवर
4. ए डबललेइड रिसीवर
5. बिक्रडक्ट रो
6. दी ट्रिम्ड लैम्प
7. दी ब्रीफ डेब्यू ऑफ टिल्डी
8. एन अनफिनिस्ड स्टोरी
9. मैडम बो-पीप ऑफ दी रेन्चेज
10. लैट मी फील योर पल्स।

सूची में छटा नाम ओ. हेनरी के मित्र का है जो न्यूयॉर्क के दिनों में उसका संगी साथी था। उसने ओ. हेनरी की सबसे ज्यादा कहानियां पढ़ी, उन्हें स्वीकार और अस्वीकार किया। यह थे मि. रॉबर्ट. एच. डेविस. उनकी सूची इस प्रकार है।

1. ऐ. टैम्पर्ड विन्ड

2. दी लास्ट लीफ

3. एन अनफिनिश्ड स्टोरी

4. होस्टेज टू मोमरू

5. दी ट्रिम्ड लैम्प

6. फैन्ड टैलामकरू

7. दी हैन्डबुक ऑफ हाइमन

8. दी मोमेन्ट ऑफ विक्टरी

9. दी इथिक्स ऑफ पिवा

10. ए टैक्नीकल एरर

ओ. हेनरी की कहानियों की सूची अगर मुझे बनानी पड़े तो मैं उन कहानियों को चुनूंगा जो मानवीय संवेदनाओं को अपने सर्वश्रेष्ठ रूप में उभारने में सफल हुईं। उनमें श्रेष्ठता के क्रम से मुझे (सुरेन्द्र सुमन) निम्नलिखित कहानियां सर्वोत्तम लगीं।

1. आखिरी पत्ती (The last leaf)

2. मागी का उपहार (The gift of magi)

3. बीस साल बाद (After 20 years)

4. हरकारा (By courier)

5. रेडचीफ की फिरौती (The rausom of Red chief)

6. तिजोरीतोड़ (Retrieved Reformation)

7. 1000 डॉलर (One Thousand doller)

8. सुसज्जित कमरा (The furnished Room)

9. जासूसों के गुरु घंटाल (The Sleuths)

10. ओ. हेनरी की अंतिम अधूरी कहानी। (The Dream)

अनुवादकीय

जब यूनिकॉर्न बुक्स के स्वामी डॉ. अशोक गुप्ता जी ने मुझसे ओ. हेनरी की कहानियों का अनुवाद करने को कहा तो मुझे एहसास हुआ कि मुझसे एक मुश्किल काम में हाथ डालने को कहा जा रहा है। पर डॉक्टर साहब इतने मृदभाषी हैं इतना मीठा बोलते हैं कि आप उनसे 'न' नहीं कह सकते।

मुझसे भी उन्हें 'न' नहीं कहा गया। और इस तरह इस जोखिम भरे काम में हाथ डाल दिया।

जोखिम भरा?

जी हां, ओ. हेनरी की कहानियों का अनुवाद करते समय आपको उसकी अटपटी भाषा, उसकी अजनबी शब्दावली, उसका कथोपकथन और उसकी मुहावरेदारी से दो चार होना पड़ेगा।

उसका सांगोपांग और अक्षरश: अनुवाद बेहद डरावना, कठिन और दु:स्वप्न की तरह है।

पर ओ. हेनरी के प्लॉट या उसकी कथावस्तु अद्‌भुत है, उसके कथोपकथन उलझे हुए तो हैं पर वे वहां आवश्यक ही हैं। उसकी कहानियों का अन्त पारलौकिक है। हैरान कर देने वाला है। जैसा विश्व कथा साहित्य में पहले कभी नहीं देखा गया। ओ. हेनरी में गे.डे. मोपांसा की चतुराई है लेकिन ओ. हेनरी में जो व्यंग विद्यमान है उस तक मोंपासा स्वप्न में भी नहीं पहुंच सकता। कुछ आलोचक उसे मोंपासा का अमेरिकी जवाब तक कहते हैं।

'सिडनी पोर्टर' से ओ. हेनरी बने लेखक ने निश्चय ही लघुकथाओं में जान फूंकने का काम किया। उसकी कहानियां अधिक से अधिक 15 पृष्ठों की ही होती थीं।

उसने कामगरों, चोरों, अपहरणकर्ताओं, धोखेबाज़ों, गरीबों, हत्यारों और न जाने कैसे-कैसे चरित्रों पर कहानियां लिखीं। पर वे अपराध-कथाओं जैसी सस्ती कहीं भी नहीं लगतीं।

ओ. हेनरी की कहानियां 20वीं सदी के प्रारंभ के कालखंड का वर्णन है। अधिकतर कहानियां न्यूयॉर्क के आस पास घूमती हैं।

उसका सबसे अच्छा काम हमें "कैवेजेज एंड किंग्स" में मिलता है। यह उसकी कहानियों का पहला संग्रह है इसके बाद 'दी फोर मिलियन' आया। उसकी निम्नलिखित कहानियां अद्‌भुत हैं और मुझे बहुत पसन्द है।

1. रैडचीफ की फिरौती
2. आखिरी पत्ती
3. बासी डबल रोटी
4. मैगी का उपहार
5. तिजोरीतोड़
6. सजा हुआ कमरा
7. बीस साल बाद
8. 1000 डॉलर
9. हरकारा
10. एक अजनबी कहानी

उपरोक्त कहानियां आशा करता हूं आपको पसन्द आएंगी, क्योंकि इनका अनुवाद मैंने कलम और शब्दों से नहीं भावना और ह्रदय की गहराइयों से किया है।

सुरेन्द्र 'सुमन'

28.11.2014

❑❑❑